JN063324

Grid on Architecture

Edited by Group Z

Tokai Education Research Institute, 2020

ISBN978-4-924523-11-1

図 5 ｜ 建築と都市のグリッド

図研究会

The book is the fifth in the series of 『図』 (geometry and graphics).
From the book ever before, we discussed what the geometry functions for the design and how it represents architecture.

If you dedicated yourself into the design, it will be helpful. Even if not, it will be joyful for finding the secrets of design for the human being.

From virtual stuff like chess, *shogi*(table games in Asia), toy bricks like LEGO, and Mandalas, we recognize and use lattice systems in concerned to human scales. Especially, Cartesian grid had been used in the design like Periodic Table, calendars, address books, etc., and helps us understand an amount of information in one sight.

In this book, we gathered the several pairs of examples of "Grid" from architecture to cities. When you open the pages, you can easily find the pair of "Grid" in the two-page-spread, which explicates analogical connection.

Actually, "Grid" includes not only Cartesian lattice but also several pattern of the repetition of schemes, so as on triangle, hexagonal, radial patterns, etc. which have the same distance. From the ancient ages, human designed the cities with "Grid" as the standard to build the city. The connection in the same scales sometimes occurs beyond our expectations, flying from ancient urbanism in China to contemporary architecture in the world.

It is important to refer to the fact that all pairs are severally gathered in terms of the same scales and dimensions. The pairs are compared and then discussed in the point of the architectural design and history, urban design and graphical meaning.

目次

はじめに

本書の目的と概要

図研究会による5冊目の本書では、ゲーム盤のような仮想のものから都市などの現実のものまで、人間がつくった多様な環境に様々なスケールで存在している格子(グリッド)状の空間について、それら人間の営みによる空間の理解を深めるために、主に建築と都市の様々な事例を解説付きで紹介する。

格子とは、等間隔の複数の線群が直交や斜行で交差してできた繰り返しパターンの単純な幾何学形状である。その等質性ゆえに、均質空間であったり、画一で退屈であったりといった捉えられ方をすることがある。しかし格子でできている対象物をよく観察すると、線によって区切られた升目の形状や様子、サイズや拡がり、領域の中央と端部などに興味を引く多様なディテールが見えてくる。それらには意図的につくり込まれたものもあれば、格子以外の部分との関係で必然あるいは偶然に生まれたものもある。

『図4』でも述べたが、人間が空間を認知し位置を把握する方法として主に用いられる座標系には、同心円と放射線による極座標と、二種類の平行線群を直角に交差させた直交座標とがある。どちらも直角に交わる線群によって、緯度経度による位置の特定(図1)や、"寺町通御池上ル"といった京都の住居表示(図2)のように使われる。それらは現実の世界の中での目印の有無と関係なく、唯一の実体の指示を可能にする仮想の目印となるが、あくまでも仮想的目印であって、具体的な実体を表しているわけではない。記号や数字によって示される線の交点や升目であっても、現実にはそれぞれの場所にそれぞれの状況がある。多様な具体的現実に対して抽象化されたグリッドを被せて空間認知の補助としている。

また、地球という大きなエリアを緯度経度で分割するグリッドとは逆に、タイルのような小さなもので大きな面を埋め尽くすとき目地に現れるグリッド。現実を分割のグリッドで仮想化するのに対して、埋め尽くすグリッドは実体を抽象化する。背景にある様々な起伏凹凸などの現実を覆い平準

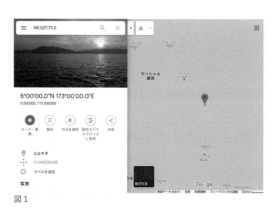

図1

図2

化する。

曜日による繰り返しに合わせて日付を並べたカレンダー、氏名・住所・電話番号・メールアドレスと同じ項目が繰り返されるアドレス帳、干支の繰り返しに合わせて並べた年号や年齢の早見表、最外殻電子の数に合わせて元素を並べた周期表 (図3) などは、すべて縦横の罫線によるグリッドに作成される。

グリッドによって仕切られた升目は、情報を整理し記録・記憶するのに有効なシステムだ。例えばグリッドによって仕切られた升目＝セルによって構成される表計算ソフトは、計算機能を除いても、グリッドによって情報の整理をするのに便利なアプリケーションである。

本書ではこれら直交する格子に加えて、直角以外で交わる升目が三角形のものや菱形のもの、また同心円ではなく同心多角形のものなど、相似形が繰り返されるものを格子状として取り上げている (図4)。
見開きで2つの格子を比較することで差異や共通する特徴を引き出し、多様な格子状空間の魅力とそこに表れた人間の思考の理解を深めることを意図して解説している。

図4

	1族	2族	3族	4族	5族	6族	7族	8族	9族	10族	11族	12族	13族	14族	15族	16族	17族	18族
第1周期	H																	He
第2周期	Li	Be											B	C	N	O	F	Ne
第3周期	Na	Mg											Al	Si	P	S	Cl	Ar
第4周期	K	Ca	Sc	Ti	V	Cr	Mn	Fe	Co	Ni	Cu	Zn	Ga	Ge	As	Se	Br	Kr
第5周期	Rb	Sr	Y	Zr	Nb	Mo	Tc	Ru	Rh	Pd	Ag	Cd	In	Sn	Sb	Te	I	Xe

図3

ゲームのグリッド

グリッドの盤面を使うゲームでは、将棋 (図 5) や
チェス、チェッカー、オセロ、三目並べなどはグ
リッドの升目に駒を置く。また囲碁 (図 6) や象棋
(中国将棋)、チャンギ (韓国将棋)、バグチャル
などは逆にグリッドの交点に駒 (石) を置く。升
目に駒を置くゲームの格子はほとんど四角の升目
だが、交点に駒を置く象棋やチャンギでは部分的
に、バグチャルは全面に 45 度のグリッドが重なっ
た盤面を使う。

将棋も囲碁も盤面を戦場に見立てた戦のシミュ
レーションだが、将棋などは駒の取り合いで勝負
が行われるのに対して、囲碁は石によって囲まれ
た陣地の広さ (数) を競う。升目に駒を置くゲーム
はもちろん、囲碁以外のグリッドの交点に駒を
置くゲームも、多くのゲームは駒が勝敗を決める。
これに対して囲碁のように交点に石を置いて線を
止めて空地 (陣地) をつくるゲームは、石という
図によって囲われた地 (陣地) の広さで勝敗を決
めるという、図と地の逆転した概念である。実際
に囲碁では陣地のことを地という。

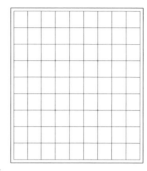

図 5

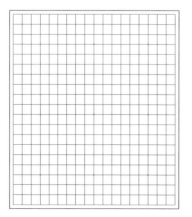

図 6

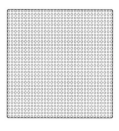

図 7

図 8

玩具のグリッド

レゴブロックは、数種類の嵌め込み式のブロックを組み上げて様々なものがつくれるシステムの玩具だ。基本となる直方体の一面に 8mm ピッチでスタッドを立て、反対側の空隙にスタッドを嵌めてしっかり組み立てられるため、積み木では難しいオーバーハングや内部空間を簡単につくることができる。

若年者層向けに、誤ってブロックの呑み込みを防ぐための、レゴより大きなサイズのブロックを用いるディプロというシリーズもある。年齢が進んでレゴに移行したあとでも、レゴのスタッドの間隔 8mm に対してディプロのスタッドは倍の 16mm 間隔にしているため、レゴのブロックにディプロのブロックを混ぜて使うことができる。レゴ、ディプロどちらにもブロックを組み立てるベースとなる基礎版が用意されているが、それぞれに 8mm ピッチ (図 7)、16mm ピッチ (図 8) にスタッドがグリッド状に並んでいる。

気象画像のグリッド

気象に関するレーダー画像や予測画像は、地表をグリッドに分割して各エリアごとに色付けなどして表示される。スーパーコンピュータによる気象予測では、地上を 3 次元グリッドに分割したモデルで大気の動きをシミュレーションして計算される。

シリコン上のグリッド

集積回路がつくり込まれるシリコンウェハーは、シリコンを単結晶させた円柱状のインゴットをスライスしてつくられる円盤だが、集積回路は四角に設計されるので、円盤のウエハーの上に集積回路はグリッド状に並ぶ。ウエハーの円周上では集積回路の四角が欠け端材ができるが、できるだけ端材の割合を減らすように、より直径の太いインゴットに結晶を成長させる開発が進んでいる。

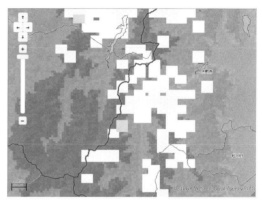

図 9

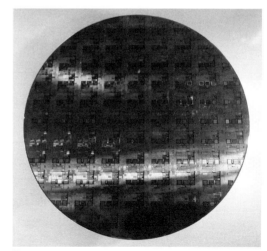

図 10

絵画のグリッド

真言密教の金剛界曼荼羅 (図 11) は 9 種の曼荼羅
が 3 × 3 グリッドの 9 升に描かれている。 9 種の
うちの 8 種にはさらにそれぞれ 3 × 3 グリッドと
円を使って様々な仏を配置し、大日如来を中心に
置く密教の教えという創造の世界を目に見える秩
序に現している。 8 種のうちの 6 種はさらにその
内を分割し、グリッドの入れ子構造をしていて詳
細な奥行きが描かれている。

伊藤若冲の升目描きは、絵柄とは無関係に全面に
正方形グリッドを描き、それぞれの正方形の中に
さらに小さな正方形を描いて塗り分ける。升目描
きが使われるのは写実的な絵ではなく、想像で描
く動物など装飾的な絵画だ。写実的なディテール
は無いのだが、升目描きが平坦なベタ塗を逃れて
おり、装飾性がより強く感じられる。

ロイ・リキテンスタインの作品に描かれる水玉模
様は、コミックが中間調を出すためのスクリーン
トーンだ。規則正しいドットの並びが拡大されて、
コミックの奥行きの無い平坦さが強調される。アン
ディ・ウォーホルのシルクスクリーンも同様の
表現で、どちらも大量生産大量消費という初期の
ポップアートに共通するテーマの表れでもある。

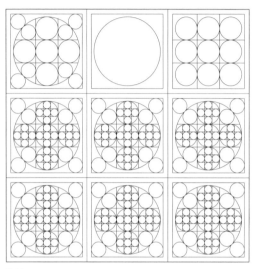

図 11

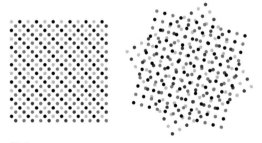

図 12

印刷のグリッド

印刷のための網掛け AM スクリーンは、コミック
のフラットなスクリーントーンとは異なり、並ぶ
ドットの大きさを変えて濃淡を表現する。そのた
め、スクリーントーンよりずっと細かな、肉眼で
はすぐにドットと気付かない小さなドットが使わ
れる。

多色刷りの場合は色ごとに網がつくられ、少しず
つづらしながら印刷されるが、ずらし方によって
モアレが発生する。

網点のグリッドは非常に細かく知覚し難いが、規
則的に表れるモアレによって知覚されることもあ
る。モアレに限らず、知覚され難いものに別の系
のグリッド (座標) を被せることで生ずる歪で知
覚可能にする手法は、光学や音響や天文学など様々
な分野で利用されている。

実際の印刷ではモアレを目立たなくするため、各
色の網の角度をずらすなど工夫が凝らされる。(図
12)

都市のグリッド・建築のグリッド

古代から都市の設計にはグリッド（方格設計）が用いられている。

古代インドの『アルタシャーストラ』には、周囲を市壁で囲まれた都城の市街について、東西・南北をそれぞれに3本の主要道で4×4に分けることが書かれている。その背景には正方形を8×8に分割し45の神々を配置したヒンドゥ教のマンダラの理念がある。（図13）

中国では春秋時代に『周礼考工記』が制作され、古代インド同様に正方形の都城の各辺にそれぞれ3つの城門を設け、城門から延びる街路がグリッド状に交差し、さらにその間にも街路を設けて九経九緯による8×8=16ブロックがその基準となることが記されている。（図14）

また清代の『欽定礼記義疎』には、国都を建てるのに井田法を用いることが書かれている。井田法自体は周代に行われた田の土地区画法だが、同様に国都全体を井の字のように3×3の9区画（ナイン・スクエア）に分割する。

16世紀以降のスペイン植民都市は、中央に広場を設けそこから4本の主要道路を広げ、街が左右対称に拡張できるようにというインディアス法に

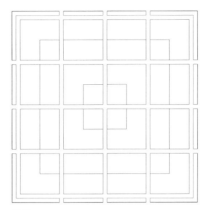

図13

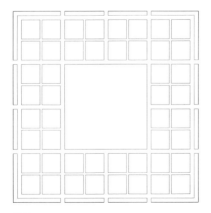

図14

従ってグリッド状に建設された。

アメリカ合衆国の西部開拓時代には、植民区画制度のホームステッド法（自営農地法）によって800m(0.5マイル)四方の160エーカーを基本単位とするグリッド状に土地が分割払下げられた。

建築物のモジュール設計では基本の長さの倍数で各部の寸法を決めるため、平面図や断面図にその長さ間隔のグリッドを被せることができる。それにより構造の整理ができたり、部材の種類を減らせるなど工法的な単純化が図れる。また畳のような面のモジュールで部屋の広さの規格化に利用される。

グリッドの大きさは、材料や構造からだけでなく、意匠的や文化的な要素によっても選択される。構造だけがグリッドに載り間仕切りなどがグリッドから外れて空間のバリエーションを豊かにするような使われ方もする。

基本となる長さによって、メーターモジュール、尺モジュール、インチモジュールなどがある。

現代住宅の架構のグリッド

商品化された規格化住宅などにおいては、単一の
フレームを均等に反復させることで建物が構成さ
れているものがみられるが、これらは住宅需要の
拡大に対し、建設材料を規格化し標準化すること
で低コストの量産供給を図ることが背景としてあ
げられる。現代の住宅作品においては、そうした
均等に配された架構[1]部材を、単に低コストを目
的とすることのみに限らず、建設の施工過程や、
部品の構成や仕組みをデザインとして露出させる
ような、いわばテクトニック（結構的）[2]な表現と
して使用する作品も数多くみられる。均質的な架
構部材が内外に露出しているこうした住宅作品で
は、連続する架構のフレームが構造体として機能
するだけでなく、内部の間取りやファサードと
いった、空間のスケールや形態的特徴を決定づけ
るような、まさに建物全体の「枠組み」になって
いるといえる。こうしたことから、建築家による
住宅作品の架構によるモデュール[3]と、そのモ
デュールを単位とするグリッドが実体としてどの
ように設定されているかを明らかにすることは、
設計の諸条件への対応や建築における表現の問題
を捉える上で有効であると考えられる。そこで、

複数の異なる建築家による住宅作品を対象とし
て、架構の部材やスパンなどの寸法（以下架構寸
法）と、架構によるモデュールとの関係によって
成立するグリッドの特徴について明らかにする。

現代住宅の架構のモデュール

表1は、1990年から2002年の13年間に建築専
門誌[4]に掲載された作品の内、柱・梁などの線材
により構成される架構が門型あるいはグリッド状
に等間隔に配列され、それらの架構が建物内部あ
るいは外部において露出し、連続的に配置される
ことで表現手段となっている作品をまとめたもの
である。
これらの作品についてみていくと現代住宅の架構
のモデュールは、図15の例のように、架構の形（以
下架構形状[5]）、構造形式[6]、梁行きのスパン（以
下スパン x）、桁行きのスパン（以下スパン y）と
そのスパン数（以下数スパン数 Nx・Ny）、主室（最
も床面積が大きい部屋）における床から天井（梁
が露出してる場合は梁上）までの高さ方向におけ
る寸法（以下高さ）、柱・梁などの架構の材質・
形状により捉えられる。

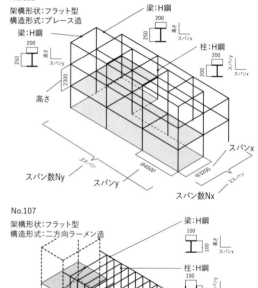

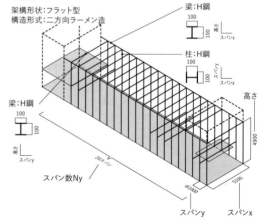

図15　現代住宅の架構のモデュール

14

表1 架構が表現手段となっている作品一覧

No.	掲載紙	作品名	設計者	構造(形式)	階数	スパン数
001	jt1990/04	現代民家No.2 私の家	竹ノ内一雄	S(R)	1	2*7
002	jt1990/08	御殿場のガラス小屋	室伏次郎	W(R+B)	2	1*5
003	jt1990/10	HOUSE 23.6°/松浪邸	古市徹雄	W(B)	1	1*4
004	jt1991/01	丹波町のデンマークハウス	野崎晴夫	W(B)	3	3*3
005	jt1991/01	ライトハウス	工藤国雄	S(RB)	3	3*3
006	jt1991/02	ON THE CULVERT	小島孜	W(B)	3	1*13
007	jt1991/03	Barn-1	吉本剛	W(B)	1	1*6
008	jt1991/09	MAGAZZINO	諸角敬+松本剛	W(B)	2	1*6
009	jt1991/12	安曇野絵本館	桑原廣	S(R)	5	5*5
010	jt1992/06	日本橋の家	岸和郎	S(R)	4	1*3
011	ja1992/07	四季が丘の家	村上徹	W(B)+S+RC	2	1*4
012	jt1992/12	ヘルメスの家	貴志雅樹	RC(R)	2+B1	5*10
013	jt1993/10	ダブル・ルーフの家	坂茂	W(RB)+S	2	1*9
014	jt1993/10	立川の家	ワークショップ	W(B)	2	3*3
015	jt1994/01	吹上の家 間の間	中村陽子	W(B)	2	5*5
016	jt1994/01	住居No.14 筑波・黒の家	内藤廣	W(B)	2	3*3
017	jt1994/04	野尻の舎	岩本秀	W(B+Te)	1+B1	1*7
018	jt1994/04	南砂の家	難波和彦	S(R+B)+RC	3+B1	1*4
019	jt1994/08	津山の家	村上徹	W(B)+RC	2	1*16
020	jt1994/08	NOS-h	石田敏明	W(B)	2	1*14
021	jt1994/09	葛飾 水元の家	遠藤吉生+遠藤由美子	S(R)	2	1*33
022	jt1995/01	下鴨の家	岸和郎	S(R)	2	2*3
023	jt1995/03	大和の家 桜ヶ丘動物病院増築	ワークショップ	S(R)	3	1*5
024	jt1995/04	書架の家	前田光一	W(B)+RC	2+B1	1*16
025	jt1995/04	いわきの週末住宅	増田実	W(B)	2	1*12
026	jt1995/03	大塚邸	新家良浩	W(B)	2+B1	2*5
027	jt1995/06	ドラキュラの家	石山修武	W(B)	2	2*8
028	jt1995/08	箱の家-I	難波和彦	W(B)	2	2.5*5
029	jt1995/10	剣谷の家	貴志雅樹	W(B)	2	3*3
030	jt1996/01	鎌倉の住宅	山本理顕	W(B)	2	1*5
031	jt1996/01	ISOBE STUDIO&RESIDENCE	小川晋一	S(R)+RC	2	1*6
032	jt1996/04	箱の家-IV [原邸]	難波和彦	S(R+B)+RC	4	1*6
033	jt1996/04	箱の家-III [城塚邸]	難波和彦	W(B)	2	1*8
034	jt1996/04	丹那の家	宮森洋一郎	W(B)	3	3*3
035	jt1996/06	もえぎ野の家	室伏次郎	W(B)	2	1*7
036	jt1996/07	Y HOUSE	岸和郎	W(B)	2	3*3
037	jt1996/07	蓼科の週末住宅	岸和郎	W(B)	1	4*6
038	jt1996/08	CRYSTAL UNITII	窪田勝文	S(R)+RC	2	1*4
039	jt1996/11	軽井沢の家	田中敏溥	W(B)	1	1*5
040	jt1997/03	小国S邸	伊東豊雄	S(R)	2	1*7
041	jt1997/03	野田の家	吉井歳晴	W(B)	3	1*7
042	jt1997/07	木箱 210	葛西潔	W(R+B)	2+L	1*28
043	jt1997/07	東大阪の家	岸和郎	S(R)	3	2*3.5
044	jt1997/07	西川口の家	鹿嶋伸哉+佐藤文	S(R)	3+L	1*4
045	jt1997/07	明石の家	中村勇大	W(B)	3	3*3
046	jt1997/08	箱根山荘	荒木正彦	S(R+Te)	2	1*6
047	jt1997/10	初台のアパート	遠藤政樹	S(R)	3	2.5*3
048	jt1997/11	住居No.21 千歳烏山の家	内藤廣	W(R+B)	2	1*15
049	sk1997/12	テラタスタジオ	室伏次郎	S(B)	2	1.75*4
050	jt1998/02	日向の家	前田光一	W(B)	2	1*9
051	jt1998/03	Lime House	北山恒	S(R+B)+RC	3+B1	1*7
052	jt1998/03	I-HOUSE	松本陽一	W(B)	2	1*10
053	jt1998/05	久住章のゲストハウス2	淡路島ワークショップ	W(E)	1	1*12
054	jt1998/07	聖天下の家	峰岸隆+寺地洋之	S(R)+RC	3	1*5
055	jt1998/08	追分の山荘	香山壽夫	W(B)	2	2*3
056	jt1998/08	海部郡立田の住宅	野沢正光	W(B)+RC	2+B1	1*14
057	jt1998/09	萌黄露台	中條順二	W(B)	2	3*6
058	jt1998/09	アイビー・ストラクチャーの家	坂茂	S(B)	2	1*5
059	jt1998/09	耳岩の家	石山修武	W(B)	2	1*12
060	jt1998/10	Taniyama A+H	中平勝	S(R)	3	2*3.3
061	jt1998/11	ウィークエンドハウス	西沢立衛	W(E)	1	5*5
062	jt1998/11	七里ヶ浜の木箱	葛西潔	W(R+B)	2+B1	1*66
063	jt1998/12	東条湖の山荘	石井良平	W(B)	2	2.5*8
064	jt1998/12	伊豆のナインスクェア	北山恒	S(RB)	2	3*3
065	ja1998/30	PCパイルの家	坂茂	PC(R)	1	1*2
066	jt1999/03	高輪のフォトスタジオ	谷内田章夫	S(R)	3+B1	1*6
067	jt1999/04	山崎邸	橋本美智子+武山肇+池田昌弘	S(R+B)	2	1*42
068	jt1999/05	山村・荻野邸	山脇泰孝	W(B)	2	1*5
069	jt1999/05	永井の家	若松信行+六本木久志	S(R)	2	1*8
070	jt1999/06	森の家	杉千春+高橋真奈美	W(RB)	2	1*10
071	jt1999/07	那須の山荘	宮晶子	W(R+B)	2	1*27
072	jt1999/07	富士別荘	西山広朗	W(B)+RC	2	1*3
073	jt1999/07	C-HOUSE	松本明	W(B)	1+L	1*8.5
074	jt1999/08	T HOUSE	近藤博史	W(B)	2	1*6
075	jt1999/08	Z-HOUSE	北山恒	S(R)+RC	2+B1	1*3
076	jt1999/10	泉北の家	竹原義二	W(B)	1	1*13
077	jt1999/10	カムフラージュ ハウス2	井口浩	W(B+Te)+S	2	1*5
078	jt1999/11	柏・U邸	奥村和幸	W(B)+RC	2	1*18
079	jt1999/11	TAKAHASHI HUTTE	渡辺康	W(B)	2+B1	1*7
080	sk1999/11	ひさまつPAO	石井和紘	W(Te)	1	1*7
081	jt1999/12	T平面の家	岩司竜夫	W(B)	1	1*15/1*21
082	jt2000/01	アルミエコハウス(エコ素材住宅)	難波和彦	A(B)	2	3*3
083	jt2000/01	1:100 HOUSE	野田俊太郎	S(R)	2+B1	2*4.5
084	jt2000/02	武蔵野の家 <内>と<外>の間VIII	入江正之	S(R)	2	2*7
085	sk2000/02	PLANE+HOUSE	北山恒	S(B)	3+B1	1*7
086	sk2000/02	Old M Cabin	木下道郎	W(B)	2	1*11
087	sk2000/04	再生木ルーバーハウス	宮崎浩	W(B)+RC	2	1*4
088	jt2000/05	MAYUMIYAの工房	久保清一+香川眞二+森田真由美	W(R+B)	2	1*8
089	jt2000/07	ソート風の蔵	仲条順一+古屋千夏	W(B)	2	1*18
090	jt2000/08	韮崎なみむらの家	中澤光啓	W(B)	2	1*28
091	jt2000/10	対屋の家	岩司竜夫	W(B)	2	1*13
092	jt2000/11	棚の家	前田圭一	W(B)	3	1*14
093	jt2000/11	向かい合う箱	長井淳一	W(B)	3	2*8
094	ja2000/37	ナチュラルユニット	遠藤政樹+池田昌弘	S(E)	2	1*7
095	ja2000/37	木とカーテンウォールの家	押野見邦英+仙波武士	W(B)+RC	3+B1	1*9
096	jt2001/01	はだかの家	坂茂	W(R+B)	1	1*55
097	jt2001/01	Villa O	山崎雅雄	W(B)	1	1*12
098	sk2001/03	ZIG HOUSE/ZAG HOUSE	古谷誠章	W(R+B)	2	1*16
099	jt2001/06	Jungle Gym 2250	細谷功	S(R)		3*5
100	sk2001/06	春日部のダブルハウス	田辺芳生	S(RB)	2	1*45
101	jt2001/07	ホワイトボックス	細田雅春	W(RB)	2	1*6
102	jt2001/07	木箱・秋津	葛西潔	W(R+B)	2+B1	1*13
103	jt2001/07	木箱・八千代	葛西潔	W(R+B)	2	1*26
104	jt2001/11	プライウッド・キッド・ハウス	八木敦司	W(R+B)	1	1*19
105	jt2001/07	海の家	塩田能也	W(B)	2	1*9
106	jt2001/08	LESS	三分一博志+西尾通哲	W(B)	1+B1	1*6
107	jt2002/03	h/dah	有馬裕之	S(R)	1	1*20
108	jt2002/03	上目黒の家	藤岡新	W(RB)	2	1*10
109	sk2002/07	水芙の家	古谷誠章	RC(R)	1	1*20
110	jt2002/08	ピクチャー・ウィンドウの家	坂茂	S(R+Tr)	2	1*6
111	jt2002/09	緑丘の家	遠藤剛生	W(B)	2	1*6
112	jt2002/10	テツマチヤ	花田佳明+山隈直人	S(R+B)	3	1*6
113	jt2002/10	浜田山の家	手嶋俊	W(B)	2	3*3
114	sk2002/10	ナチュラルエリップス	遠藤政樹+池田昌弘	S(B)	4+B1	1*24
115	ja2002/46	住居No.22	内藤廣	S(B)	2	1*9
116	jt2002/02	ミニマム・ハウス	山下保博	S(R+B)	4	1*7
117	jt2002/12	矩形の森	五十嵐淳	W(B)	1	3*11

※1掲載紙の記号はそれぞれ、sk:「新建築」、jt「新建築住宅特集」、ja:「ja」を示す。

※2構造の記号はそれぞれ、W:「木造」、S:「鉄骨造」、RC:「鉄筋コンクリート造」を示す。

※3(形式)の記号はそれぞれ、R:「二方向ラーメン造」、RB「半剛節ラーメン造」、B:「ブレース(筋交)造」、RB:「一方向ラーメン造かつ他方向ブレース造」、Tr:「トラス造」、Te:「テンション造」、E:「その他」を示す。

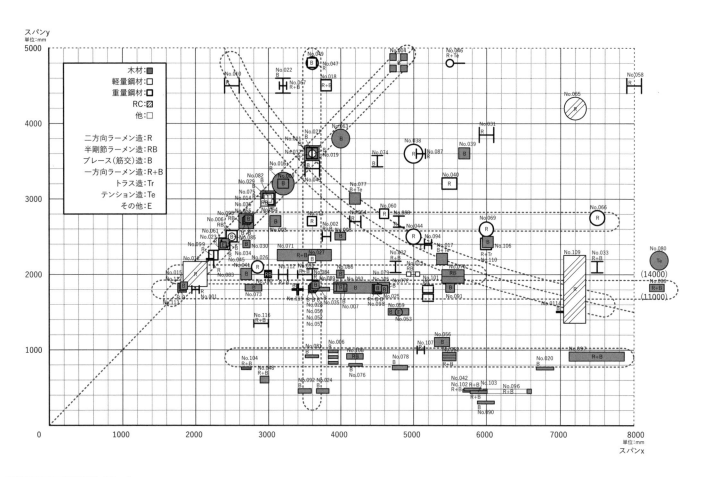

図16　現代住宅の柱の断面形状とグリッド

16

現代住宅の柱の断面形状とグリッド

住宅作品におけるグリッドは、こうした架構によるモジュールの寸法に柱や梁などの架構部材の断面形状や高さなどの大きさが深く関係している。そこで、スパン x・y による 1×1 スパンの空間（以下単位空間）に柱の断面形状や高さを重ね、架構による単位空間の性格を検討する。

図 16 は、架構のスパン x・y より得られた単位空間の大きさにそれらの柱の材質と断面形状及び構造形式を重ねて示したもので、さらに柱の断面形状についてもグラフの縮尺に合わせている。

スパン y についてみると、450、900、1800、2700、3600mm といった尺モジュールのものが多いことがわかる。柱の断面形状に着目すると、900mm 前後やそれ以下の寸法では、その大半がツーバイ材や集成材などの扁平木材を使用した門型などの単一フレームが一方向に均等に反復する「門型」形式の架構（以下門型架構）となっている。これら扁平材を使用した門型架構は、梁行き方向の水平荷重を扁平材の柱に負担させることが可能となるため、一方向ラーメン造 (R+B) や SE 構法などにみられる接合部に特殊な金物を用いた半剛節ラーメン造 (RB) だけでなく、ブレース造

(B) でも梁行き方向の水平耐力要素（壁やブレースなど）を軽減できるといった構造形式となっている。こうした門型架構では、No.020 や No.042、No.070 のように壁などの間仕切りを必要最小限にとどめたワンルーム的な構成が多くみられる。しかし、一方向ラーメン造である No.042 では、端部を全面開口とし、桁行き方向を壁としているのに対し、ブレース造である No.020 は大半の水平荷重を両端部の壁とコア部分で負担することで、桁行き方向を全面的に開口部としている点で異なっている。こうした扁平木材を使用するものは、1800mm を境にあまりみられなくなり、1800mm

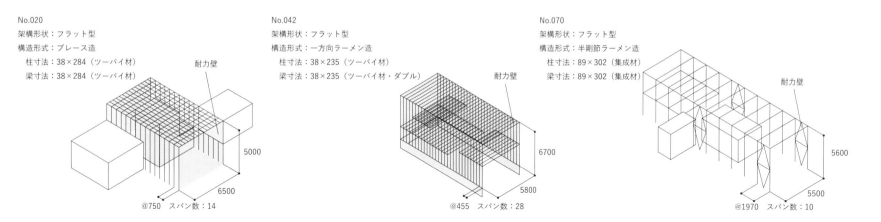

No.020
架構形状：フラット型
構造形式：ブレース造
柱寸法：38×284（ツーバイ材）
梁寸法：38×284（ツーバイ材）
耐力壁
5000
6500
@750　スパン数：14

No.042
架構形状：フラット型
構造形式：一方向ラーメン造
柱寸法：38×235（ツーバイ材）
梁寸法：38×235（ツーバイ材・ダブル）
耐力壁
6700
5800
@455　スパン数：28

No.070
架構形状：フラット型
構造形式：半剛節ラーメン造
柱寸法：89×302（集成材）
梁寸法：89×302（集成材）
耐力壁
5600
5500
@1970　スパン数：10

前後では 100 〜 120mm 角の木材を使用したブレース（筋交）造が最も多くみられた。これは水平荷重を負担するために用いられる構造用合板の規格寸法に柱のスパンを対応させることで、そうした面材を間柱などの 2 次部材を用いないで取りつけることができるといったことなどがその要因としてあげられる。その一方で、No.070 の作品は一室による空間構成や開口部にブレースなどの斜材が入ることをさけるために不足する x 方向の水平荷重を補うため、断面寸法の大きい扁平木材を使用し、鋼材の丸パイプをブレースに使用することで、1800mm 以上の桁行きのスパンを実現している。

このことは間柱を使用せず、柱のみで連続する架構を表現するために用いられる面材の規格寸法による限界を示している。2700mm 前後では 120 〜 150mm 角の木材が比較的多く、それらの大半はブレース造で正方形の単位空間に集中している。単位空間が長方形になると 150mm 前後の大きさの丸型や角型、H 型など様々な断面形状の鋼材が多くみられ、そのほとんどが x・y の両方向をラーメン造とする二方向ラーメン造 (R) となっている。3600mm 以上になると鋼材が大半を占め、柱の断面寸法を小さくするために一方向ラーメン造や

ブレース造などを用いるものや、二方向ラーメン造でも RC 造の壁に水平荷重の一部を負担させるものなどがみられる。その一方で、柱の断面寸法を大きくすることでブレースの数を減らすといった、まったく逆の方法をとるものもみられる。尺モデュール以外の寸法では、2000、3000mm といったメーターモデュールに集中するものがみられ、木材は断面形状の大きいものが多く、2500mm 以下では 150mm 角程度の H 型の鋼材を使用した一方向ラーメン造が比較的多くみられる。

次にスパン x についてみると、3600mm 前後に集中するものが比較的多く、その大半は、スパン y がスパン x の半分の大きさである 1800mm と、スパン x と同一の 3600mm に集中している。スパン y が 1800mm 付近の柱の断面形状については、そのすべてが 100mm 角の木材を使用した軸組造である。

スパン x・y についてみると、x・y ともに同一である正方形平面の単位空間に集中しており、それらの柱の材質については木材、鋼材、RC など様々なものがみられたが、構造形式はブレース造のものが、柱の断面形状については正方形のものが大半を占めている。こうしたブレース造には、No.014 のように外周の壁で水平荷重を負担させる

ことで、ブレース造でも内部空間に水平耐力要素を設けないといった構造形式により、ワンルーム的な構成を可能としている作品がみられる。柱の寸法ついては、スパン 3000mm 以下では、100 〜 120mm 角程度の角材あるいは H 型鋼材となっているが、3000mm 以上になると柱が負担する水平荷重の問題から 150mm 〜 200mm へと柱の寸法が急激に変化している。

この他には、単位空間の面積が 11 〜 13m² を表すライン（スパン x ×スパン y=11 〜 13㎡）に沿って集中するものがみられる。このラインに沿うものには、鋼材が比較的多く、150mm 程度の角型や

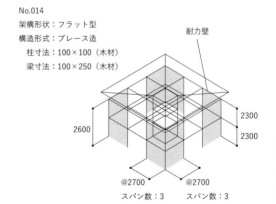

No.014

架構形状：フラット型
構造形式：ブレース造

柱寸法：100×100（木材）
梁寸法：100×250（木材）

耐力壁

2300
2300
2600

@2700   @2700

スパン数：3   スパン数：3

丸型、H型を使用した二方向ラーメン造が大半を占めている。また、木材を使用したものには梁にテンション造 (B+Te) などの構造形式を使用する特殊なものがみられる。

本節は、日本建築学会計画系論文集に掲載された著者らによる論文「現代日本の独立住宅にみられる架構によるモジュールに関する研究」(日本建築学会計画系論文集第 591 号、pp.233 〜 238、2005 年 5 月) 及び 2005 年に竹内が提出した博士論文「現代日本の住宅作品におけるスケールによる意匠表現」の一部に図版などを中心に加筆・修正したものである。

参考文献及び注

1)「架構」については「複数の部材で構成された骨組。部材の組み方や形状により、ラーメン、トラスあるいはアーチなどに分かれる。(建築学用語辞典第二版、日本建築学会、p.104)」や「材を結合して作った構造物 (広辞苑第五版、岩波書店、p.486)」といった定義がされている。ここでは、建物の主要構造を構成している柱や梁などの骨組みを架構と呼ぶ。

2) ケネス・フランプトン著、松畑強 / 山本想太郎訳:テクトニック・カルチャー ── 19-20 世紀建築の構法の詩学、ＴＯＴＯ出版、2002 年、pp.17、によるとテクトニック (結構) という言葉は、大工や建設者を意味するギリシア語のテクトン (tekton) という言葉を語源に持ち、それがやがてホメロス (古代ギリシア最古の叙事詩人) の頃には建設の技芸を、そしてサッフォー (BC612 〜 ?) の頃には大工という言葉が詩人の役割をも獲得し、詩的な意味を持つにいたり、最終的には棟梁やアルキテクトン (architekton) に行き着くことになり、技術的なものから美的なものへと変容していくと述べられている。

3)「モジュール」については「①建築各部を簡単な比率で示せる寸法単位。ギリシャ建築、ローマ建築では柱身下部の径を基準にすることが多い。②建築の設計において基準として用いる単位寸法、または数列化した寸法群。③建築を構成する箱形のユニット。工場生産されたモジュールは現場に輸送され、積み重ねられて住宅などの建築になる。④回路系など一組の装置の構成単位。(建築学用語辞典第二版、日本建築学会、p.729)」などと定義されている。ここでは均等間隔に反復する柱や梁などの架構により構成される空間単位をモジュールと呼ぶ。

4) 現代建築ジャーナリズムの中で代表的なものであると思われる「新建築住宅特集」誌及び「新建築」誌 (1990 年 1 月号から 2002 年 12 月号) に「JA」誌 (1991 年 No.1 から 2002 年 No.47) を補足した 13 年間に掲載された独立住宅作品から選定している。

5) 架構形状は、室内において架構の一部かすべてが露出しているか、梁が曲線か直線か、直線ならば水平か GL に対して傾いているかを分類の基準としており、曲線によるヴォールト型、GL に対して傾いた直線よる片流れ型及び切妻型、水平な直線よるフラット型、梁と柱の一方が露出し、他方が壁による L 型、柱のみが露出している I 型の 6 つに分類している。

6)「構造形式」の区分は、材料の種類、構法、施工方式などにより分類することができるが、ここではラーメン造やブレース (筋交) 造といった耐力要素を分類の基準とした。

1
住 宅 の 架 構

S=1:100

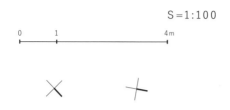

ウィークエンドハウス / 矩形の森

西沢立衛のウイークエンドハウス
(1998) と五十嵐淳の矩形の森 (2000)
は、どちらもワンルーム的構成による木
造平屋の住宅で、正方形グリッドに配
置された柱が露出することで架構が表
現されている。ウイークエンドハウスは、
屋根をパネル化することでその剛性を
高め、水平荷重を外周の壁に伝達させ
る構造形式となっている。そのため柱
は垂直荷重のみを負担しており、2.4m
のグリッドに配置された柱は、他では
みられない80mm角の細い柱を実現し
ている。一方、矩形の森は100mm角
の柱と筋交いによる軸組造となってい
る。一見すると過剰とも思える1.82m
のグリッドに柱や筋交いだけでなく梁
や土台まで露出することで、グリッドと
架構部材による均等性が強調されてい
る。

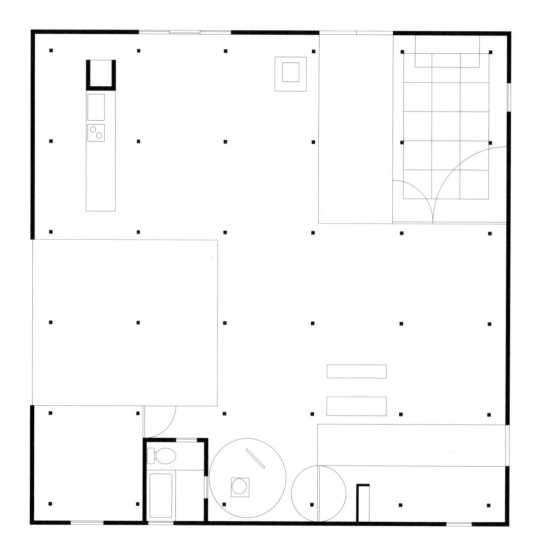

Weekend House, plan

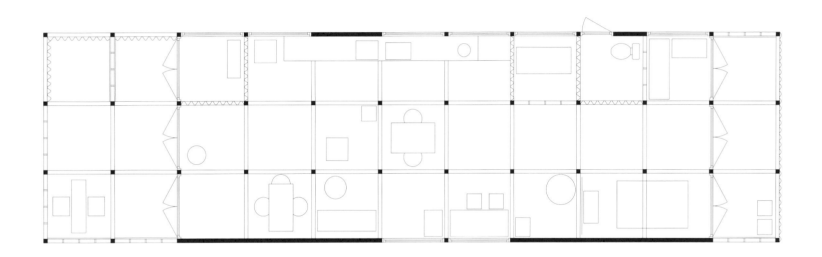

Rectangular Forest, plan

2
構 成 材 の 自 律

S＝1:100

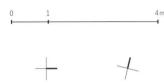

0　　1　　　　　　4m

House F / シルバーハット

　この２つの住宅作品はいずれも1980年
代に東京都内に設計されたもので、床、
壁、柱、屋根（＝覆い）といった建築の
主たる構成材を互いに自律する形で建
物の全体を構成している点で共通してい
る。すなわち、敷地全体を覆う1階床
面、グリッド上に配された片持ち柱、柱
と無関係で配された非構造壁、柱によっ
て支えられた曲面状の覆い、そしてそれ
らのつくる配置関係によって内外に連続
する多様な場が構成されている。特に柱
と屋根の関係では、柱の配置がほぼ同
じスパンの正方形グリッドでありながら、
House F (1988) では鉄骨H型鋼がそ
の上端部から延びる斜めの丸パイプを
介してトラス屋根を支えているのに対し、
シルバーハット(1984)ではRC角柱が
ヴォールト形のトラス屋根の桁を直に支
えている。こうしてみると、構成材の自
律性の視覚化といった点で、やや異なる
設計姿勢をうかがうことができる。

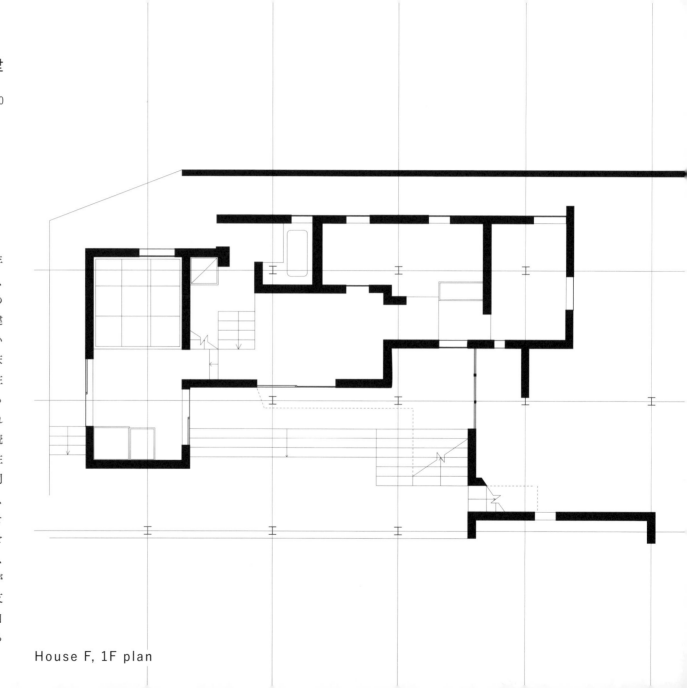

House F, 1F plan

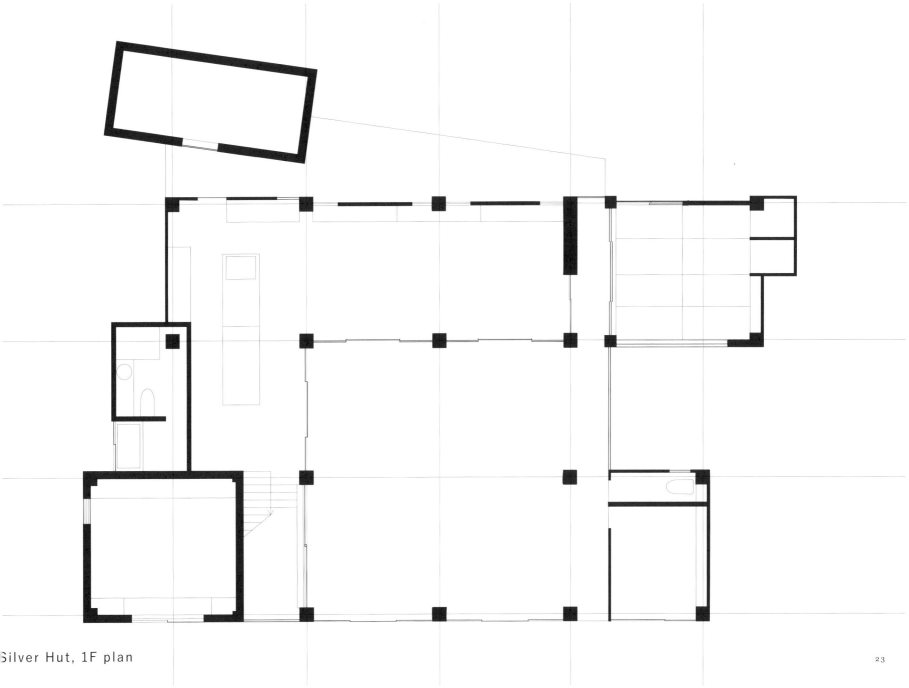

Silver Hut, 1F plan

3
斜 交 グ リ ッ ド

S＝1:100

0　　1　　　　　　　4m

宮本町の住居 / 斜条坊の家

島田陽の宮本町の住居 (2017) と畑友洋の斜条坊の家 (2017) は、ともに周囲が建て込んだ敷地環境に対し、45度に傾けた正方形グリッドを用いることで通風や採光の確保を試みている住宅である。宮本町の住宅は、旗竿敷地に立つ長方形の建物に対して約 3m のグリッドを傾けている。正方形や二等辺三角形の 13 枚の床を 700mm の段差で螺旋状に積み重ねることで、最上階に中庭を設けた立体的なワンルームのような構成となっている。それに対し、斜条坊の家は、条坊制を基準とした長方形の敷地に対して 1.57m のグリッドを傾けている。建物を雁行型の配置にすることにより隣家と正対しない開口を設け、隣棟間に連続する通り庭のような二等辺三角形の空地を生み出している。

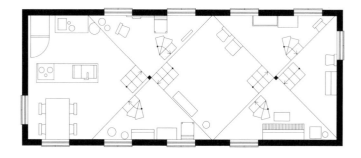

House in Miyamoto, 2F plan

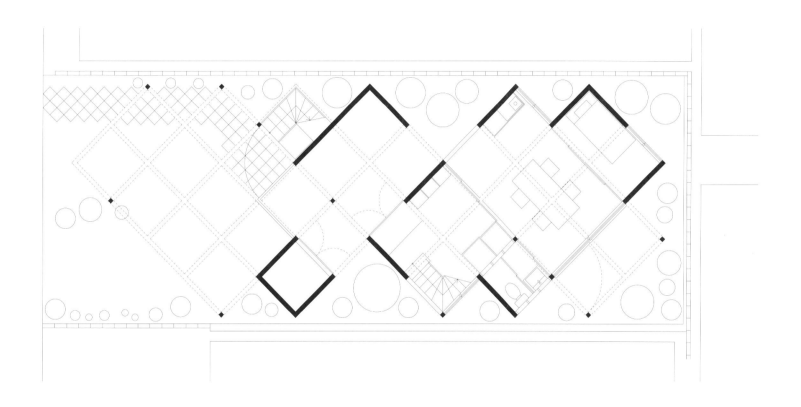

Diagonal House, 1F plan

4
六 角 グ リ ッ ド

S＝1:100

0   1   4m

住宅 No.76 / スティールハット

池辺陽の住宅 No.76(1965) は、一辺
2.26m の正六角形平面による柱状体ユ
ニットで構成された住宅である。部材
の標準化が図られているため、ユニッ
ト内部の間仕切り壁は 2.26m の半分
である一辺 1.13m の正六角形などによ
り配置されている。伊東豊雄のスティー
ルハット (2011) は今治市伊東豊雄建
築ミュージアムの展示棟である。平面
では正六角形となっているが、立体とし
ては六角錐台を組合せた多面体で、上
部は鉄骨造、下部は鉄筋コンクリート
造となっている。鉄骨部分の外形はパ
ネル化がされており、一辺 3m の正三
角形、正方形、台形の 3 種類の形状
の組合せによりできている。そのため、
六角形のグリッドは通り心ではなく外形
合わせとなっており、内部の間仕切り
壁はどちらか一方に寄っている。

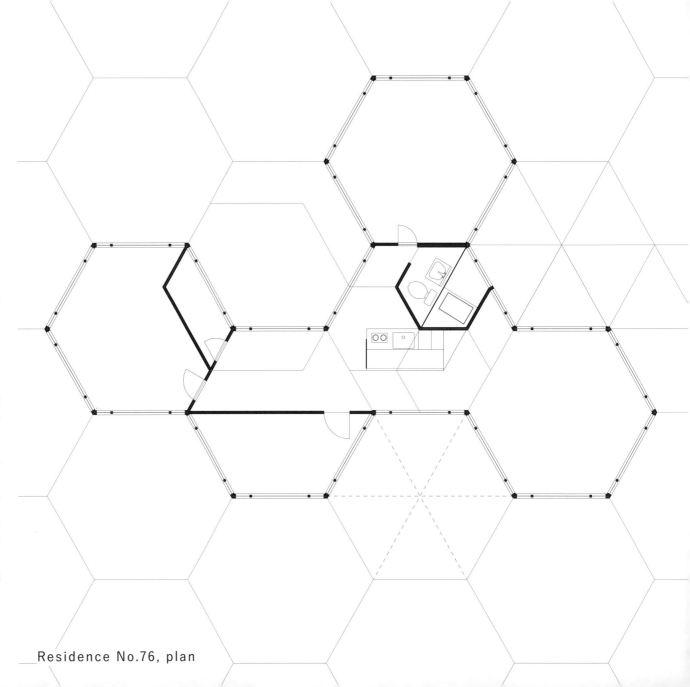

Residence No.76, plan

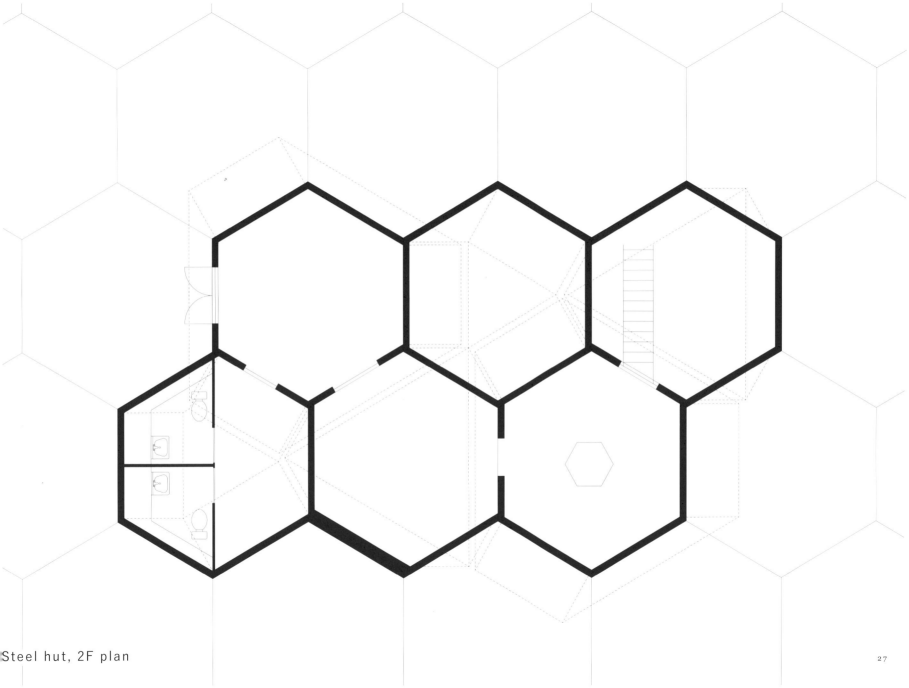

Steel hut, 2F plan

5
建 物 と 外 構

S=1:100

0　　1　　　　　　4m

グリッド / 79&Park Hillside

藤野高志のグリッド(2017)は、新た
に開発された分譲地に建てられた住
宅である。敷地に対し45度に振った
2.73mの正方形グリッドの交点に建物
の柱や方立て、外構の樹木や物干し
ポール、ポストや電柱などが配置され
ている。グリッドによって分割するので
はなく、内外にわたり横断させることで
空間の広がりを増幅させることを意図し
ている。BIGの79&Park(2018)はス
トックホルム東部の住宅街に建設され
た集合住宅である。4.0mのグリッドを
基準とするプレハブユニット化された住
戸は、雁行型の配置と周辺環境に合わ
せたボリュームの調整により、採光と眺
望を確保している。また、屋上庭園だ
けでなく中央の中庭もユニットに合わせ
たサイズで植栽やウッドデッキなどの外
構が計画されている。

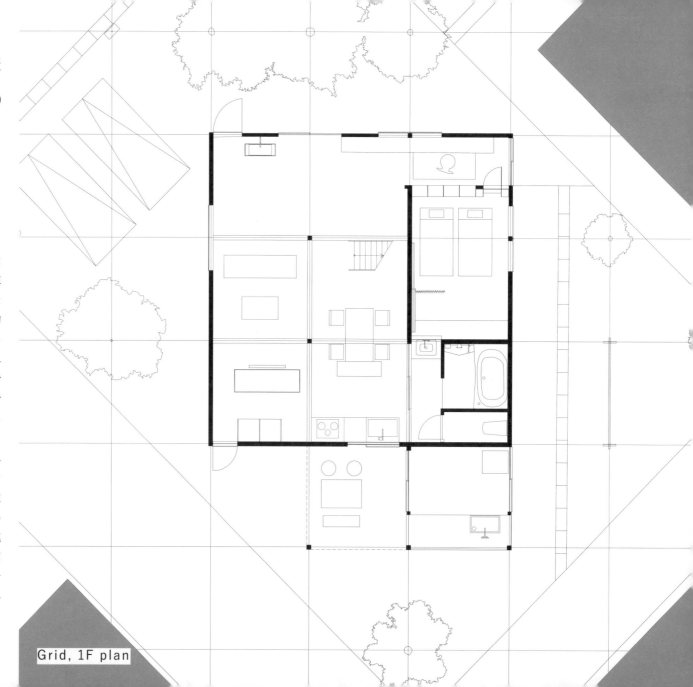

Grid, 1F plan

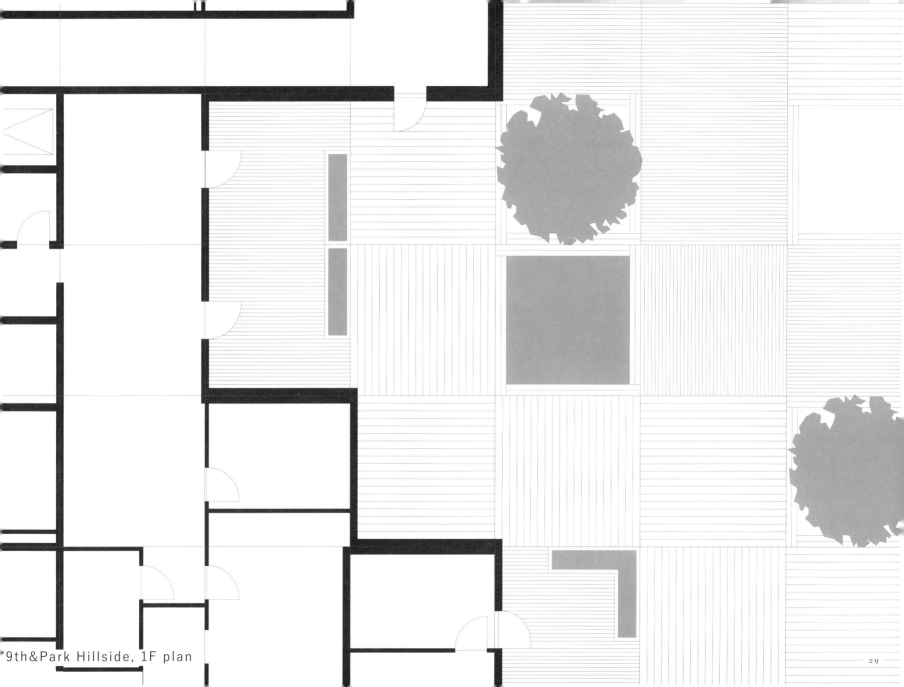

'9th&Park Hillside, 1F plan

6
緑の市松模様

S=1:100

ルヌガンガ / 東福寺（西庭・北庭）

市松模様とは2色の正方形を交互に配した幾何学模様のことで、建物の床のデザインや造園のデザインにおいてよくみられる。ジェフリー・バワ (1919 ～ 2003) の自身の生涯の別荘であったルヌガンガ (1948 ～ 1998) の湖畔付近の水門部には、芝生とコンクリート舗装による市松状のランドスケープデザインがみられ、水面が上昇する際にはコンクリート部分のみが浸水するように設計されている。一方、東福寺の庭園 (1939) は、近代日本の作庭家である重森三玲 (1896 ～ 1975) の作品であり、西庭 (=井田の庭) は正方形に刈り込んだサツキと白砂による市松模様で、北庭 (=市松の庭) は既存の敷石と苔によってより細かなパターンを再現している。いずれも自然素材を人工的に配している点で共通しているが、緑の植栽とコントラストをなす白砂、敷石、水面によって、それぞれ異なる世界が表現されている。

Lunuganga

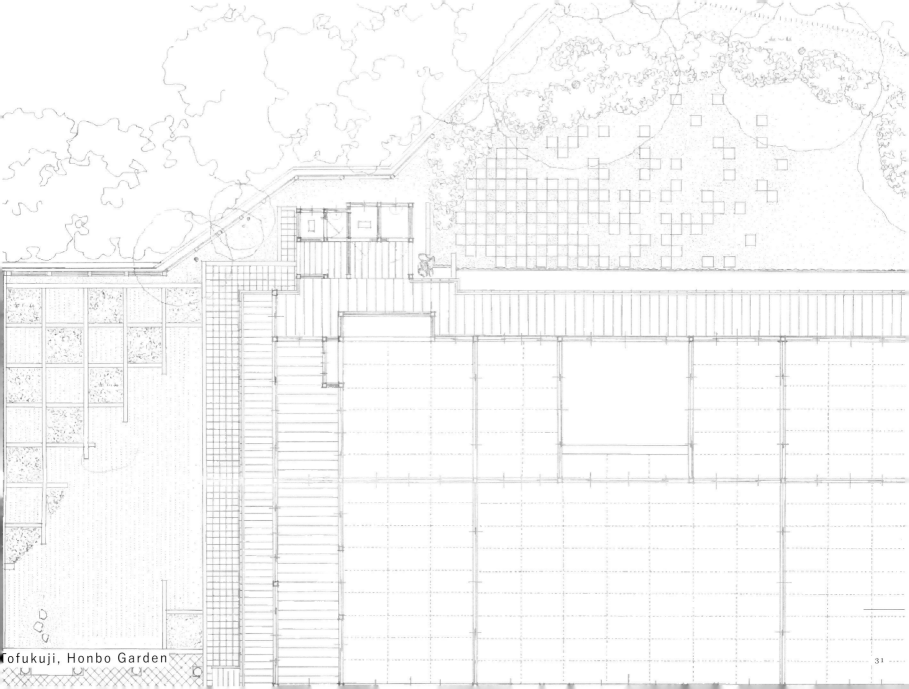

Tofukuji, Honbo Garden

7

表 と 裏

S=1:100

0   1   4m

モデナ墓地の納骨堂

モデナ墓地の立方体型の納骨堂
は、正方形型のプランを持ち、
スタッコ仕上げの四方を取り囲む
RC 造の壁がある。表側には一
辺77cmの正方形の窓穴がグリッ
ド状に穿たれ、窓穴の中心を基
準にすると、176cmの正方形グ
リッドが見いだせる。裏側となる
鉄骨とグレーチングで構成され
た回廊を持つ中庭側の壁は、一
辺33cmの納骨棚が窓穴を取り
囲むように規則正しく配置され、
厚み11cmのRCリブを挟みな
がら、1:3:1:3:1…という間隔で
配置される。窓穴をナイングリッ
ド状に取り囲むような納骨箱の
グリッド配置を考えると、176cm
のグリッドが、窓穴を中心とする
ようなグリッドから縦横88cmだ
け位相がずれて四方に見いだせ
る。表側ファサードのグリッド状
の図形が、裏側で錯視効果をも
たらし、増幅されているといえる。

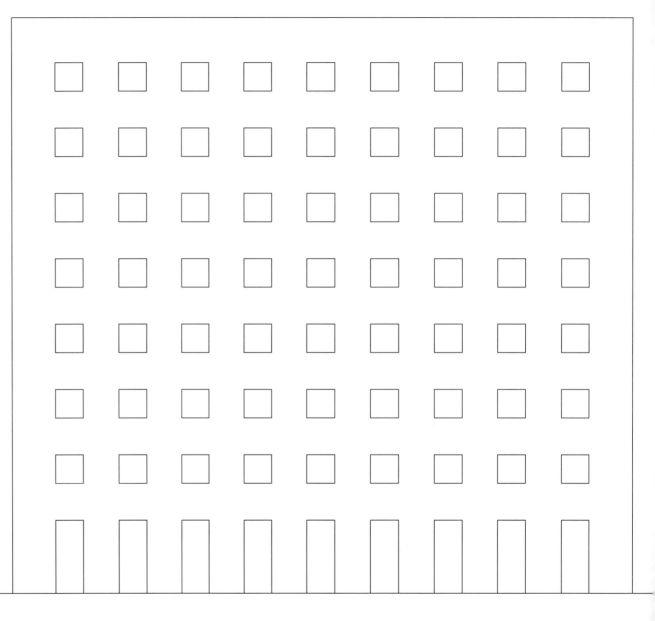

The Columbarium of New San Cataldo Cemetery, façade

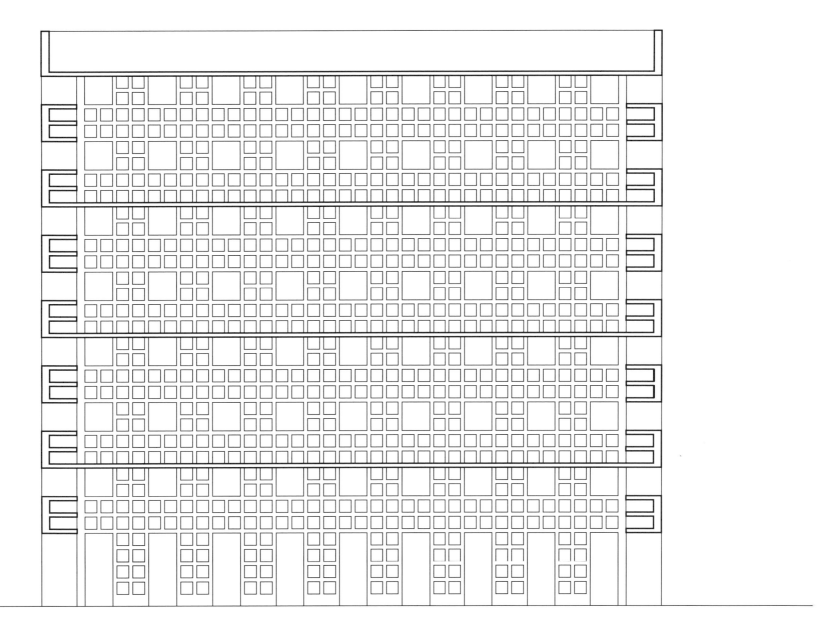

The Columbarium of New San Cataldo Cemetery, section

8
具 体 ⇄ 抽 象

S=1:100

0　1　　　　　4m

宮島邸 / 群馬県立美術館

宮島邸 (1973) と群馬県立美術館
(1974) はいずれも格子目地で覆われ
た建築作品であるが、グリッドの生成
プロセスは対照的である。宮島邸の各
部の形態・寸法はあくまで周辺環境と
の関係や採光条件など実務的な要求に
沿って決定されたものであり、外壁・床・
壁・天井に刻まれた正方形グリッドは
事後的に付加されたものだと考えられ
る (これは外壁の格子が丸棒を接着し
た凸目地となっていることにも現われて
いる)。対して群馬県立美術館は厚み
も幅もない一辺 12m の立方体を敷地
に配置することから設計のプロセスが
スタートしている。このイマジナリーな
認識のフレーム＝枠組みとしての立方体
はフィジカルなフレーム＝躯体となり、
そこに具体的な素材が肉付けされてい
く過程で正方形グリッドが建築表面に
生じることになる。

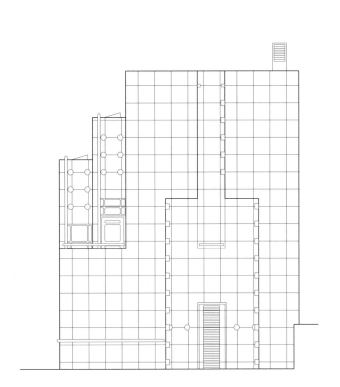

Miyajima Residence, façade

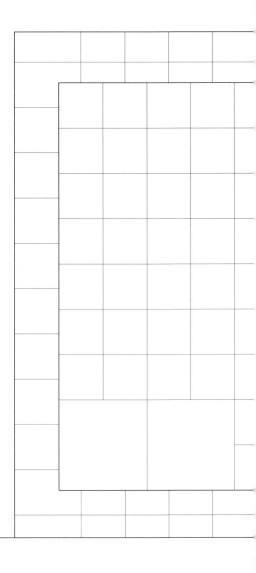

The Museum of Modern Art, Gunma, façade

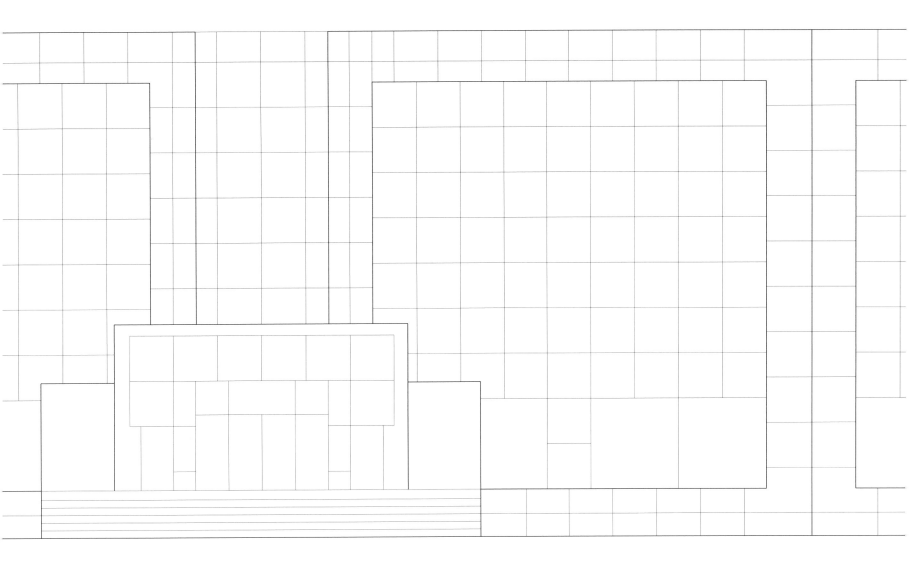

9
ヴ ォ イ ド

S=1:100

0   1   4m

カメハウス / villa kanousan

河内一泰のカメハウス (2013) と柄沢祐
輔の villa kanousan(2009) は、どち
らも、正方形平面による木造 2 階建て
の住宅で、直方体の中に多面体を挿入
してくり抜くことで出現するヴォイドによっ
て、1 つの部屋から他の部屋が同時に
見える空間を生み出している。カメハ
ウスは、床や壁よって仕切られた 12 の
部屋の中央に十二面体を挿入しており、
その頂点は、尺モジュールを基準とし
た間仕切り壁により材料の歩留まりが
考慮されている。それに対し、villa
kanousan は、いわゆる田の字型平面
で仕切られた 8 つの部屋の床、壁、天
井の各面の交点にそれぞれ傾きが異な
る立方体を挿入しており、その角度は、
アルゴリズムによって制御されている。
そのため、各部の寸法は 3 次元モデル
のデータから導かれている。

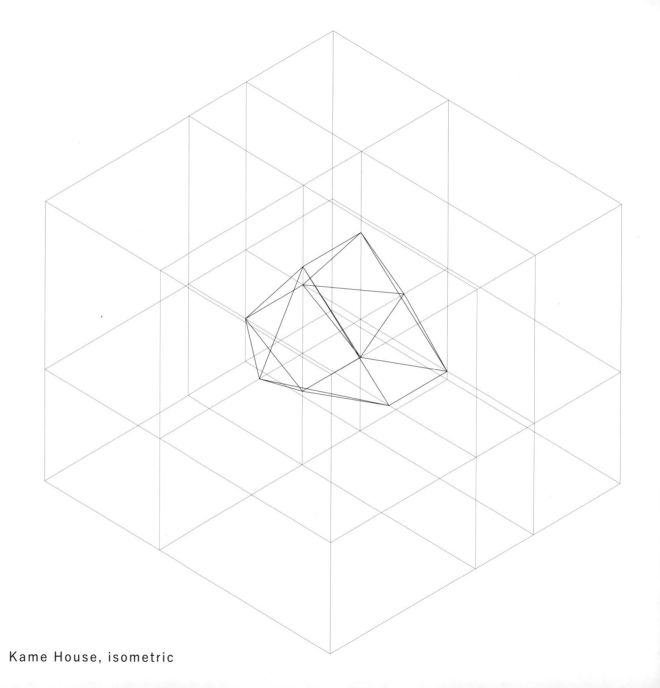

Kame House, isometric

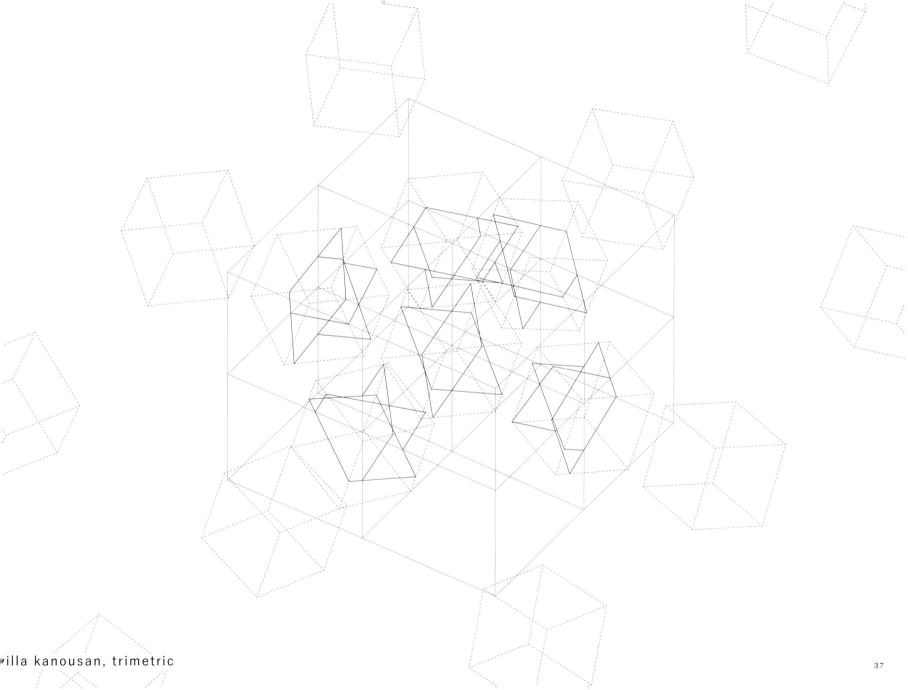

villa kanousan, trimetric

P-22
ルヌガンガ
Lunuganga

P-65

都市スケールモデルサイト（COSMO）

Comprehensive Outdoor Scale Model Site (COSMO)

10
円形コラムの行方

S=1:200

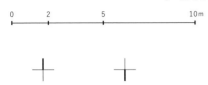

アライブ本社工場
　　/ ジョンソンワックス本社

アライブ本社工場 (2007) の特徴は、
5.4m 間隔でグリッド状に配された直径
267mm の羽根付き鋼管杭をそのまま地
上に伸ばして、建築本体を構成する同径
の円形柱に直結している点である。これ
により地中内には鋼管杭のみが埋設され
ている状態となり、基礎を含むそれ以外
の部材はすべて地上に浮いており、全体
として土木材と建築材、あるいは土木工
事と建築工事との融合を目指している。
一方、ジョンソン・ワックス本社 (1939)
の大執務室は、グリッド上に配されたマ
シュルームコラムの林立する大空間であ
り、その円柱は下部から上部に向かって
径が 24cm から 45cm へと膨らみ、天
井面で直径 6m の円盤状となる。このよ
うに建物自体を支えるための円柱が地中
あるいは天空へと連続していくデザイン
は、建築の原型的なイメージを想起させ
るものである。

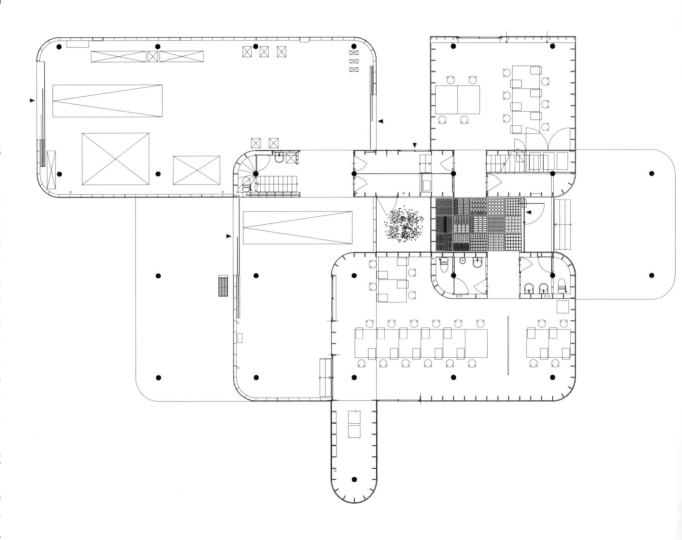

Factory and Office of Alive, 1F plan

ohnson Wax Headquarters, Great Workroom

11
三角グリッド

S=1:200

0　2　　　5　　　　　10m

✕　　　✕

パーマー邸 / プライス邸

フランク・ロイド・ライトのパーマー邸(1950)とブルース・ガフのプライス邸(1966)はいずれも正三角形をモジュールとしたグリッドで構成されている。一見すると正三角形のグリッドは矩形に比べて計画の柔軟さに欠けているように思われる。が、必ずしもすべての室の形状が正三角形に強制されるわけではなく、ライトとガフはともに正三角形という単位を巧みに組み合わせながら、平行四辺形・台形・六角形といった幾何学図形を駆使しつつ変化に富む内部空間を計画している。パーマー邸とプライス邸に共通する特徴は、いずれも平面全体は複雑かつ非対称な構成であるものの、正三角形をベースにしたシンメトリカルな場が局所的に配置されていることだろう。

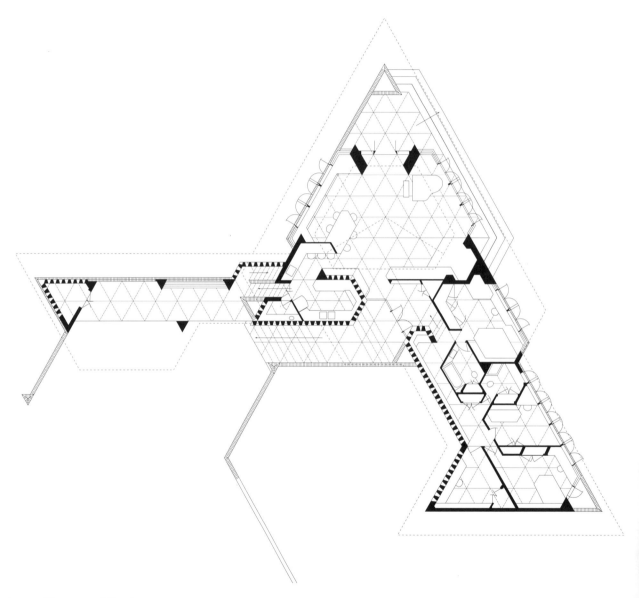

Palmer House, 1F plan

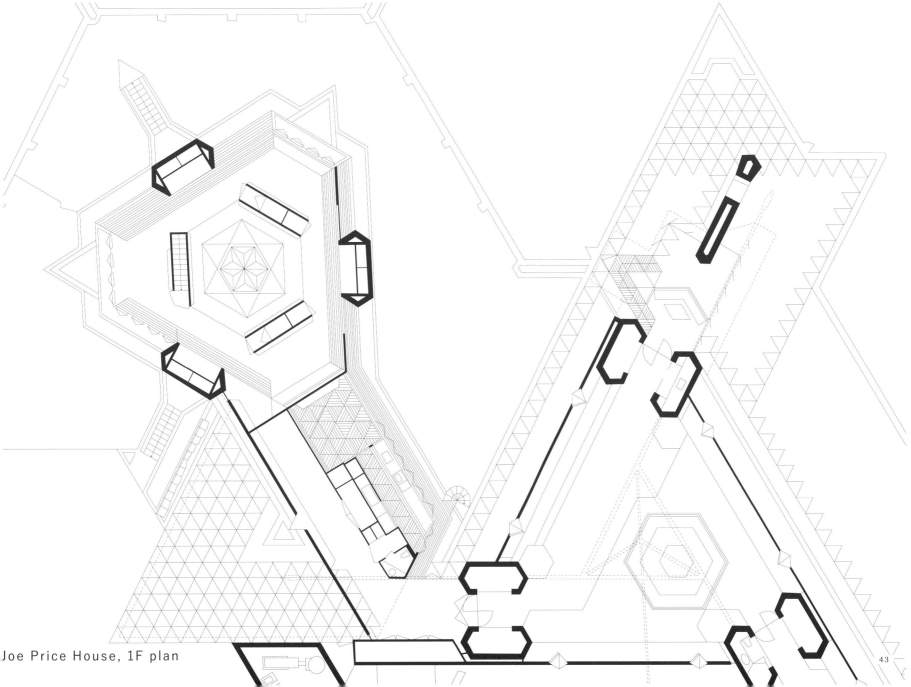

Joe Price House, 1F plan

12
45度のオーバーレイ

S＝1：300

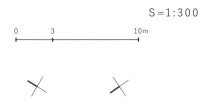

0　　　3　　　　　　　　　10m

ベオグラード現代美術館
／ハイアット・リージェンシー・ベオグラード

イヴァン・アンティッチ (1923 ～ 2005) は、
旧ユーゴスラビアを代表する建築家で、幾
何学的な形式を直截的に用いた興味深い
作品を多く残している。ベオグラード現代
美術館 (1958) のプランは、大小 2 つの正
方形グリッドを 45 度傾けて重ね合わせる
という一見単純な構成であるが、実際に内部
を体験すると、大きなグリッドの方がより空
間全体を支配しているので、内部に露出し
屋根面と並行する正方形の角柱の面が斜
めに傾いているように感じられ、空間の二
重性が強く意識されることになる。一方ハ
イアットホテルのプランでは、建物内の仕
切り壁と外観のラインが 45 度ずれており、
その 45 度を利用して各部屋ユニットのアプ
ローチエントランスや水回りコアのレイアウ
トを巧みにデザインしている。このようにアン
ティッチの建物は、単純な幾何学的操作
によって複雑な体験空間をもたらすという
高度なレトリックに則っている。

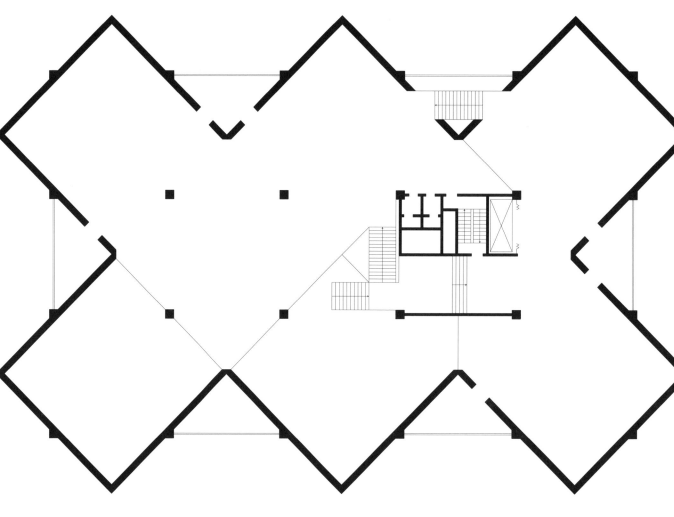

Museum of Contemporary Art Belgrade, standard floor plan

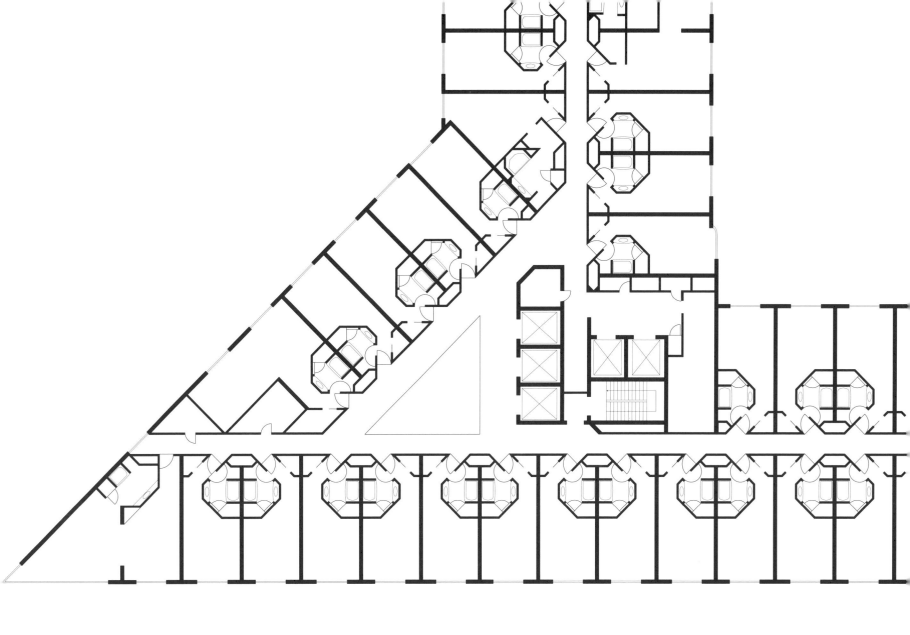

Hyatt Regency Belgrade, standard floor plan

13
単 位 天 井

S=1:300

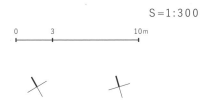

"10月21日" 犠牲者追悼館
/子供の家

セルビアの都市クラグィェヴァツにある
"10月21日"犠牲者追悼館(1965)で
は、一辺約3.1mの正方形グリッドで構
成された、全体として十字架のような図
形を形作るダイナミックな架構をもつ。
対角線方向に煙突状の展示空間のユ
ニットが動線として接続されることで、2
階平面の十字架状の軸線が強調される。
アムステルダムにある子供の家(1960)
は、約3.4mの小さな正方形の単
位をもつ天井が架構となる。柱と壁
の形式に自由な配列をもたらし、子
供のスケールにあわせた壁面構成が
なされ、迷路的な空間が示される。
ともに、天井の架構形式がグリッドを規
定しており、一辺3m程度の小さな正方
形および9つのナイングリッド状に配し
た大きな正方形によって構成され、場所
の機能および意味はシンボリックに提示
される。

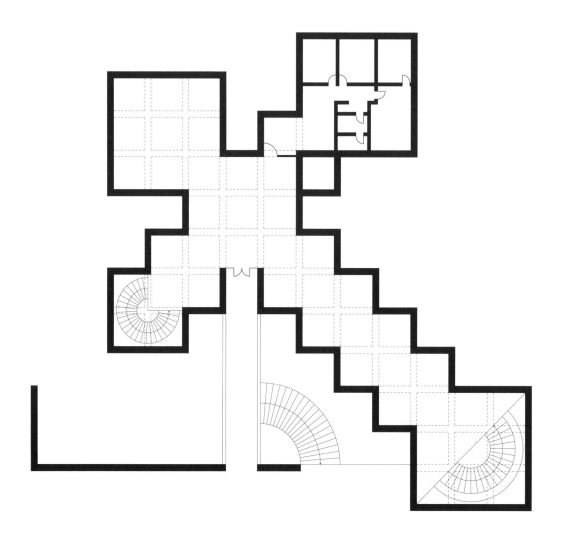

Memorial Museum "21 October", 2F plan

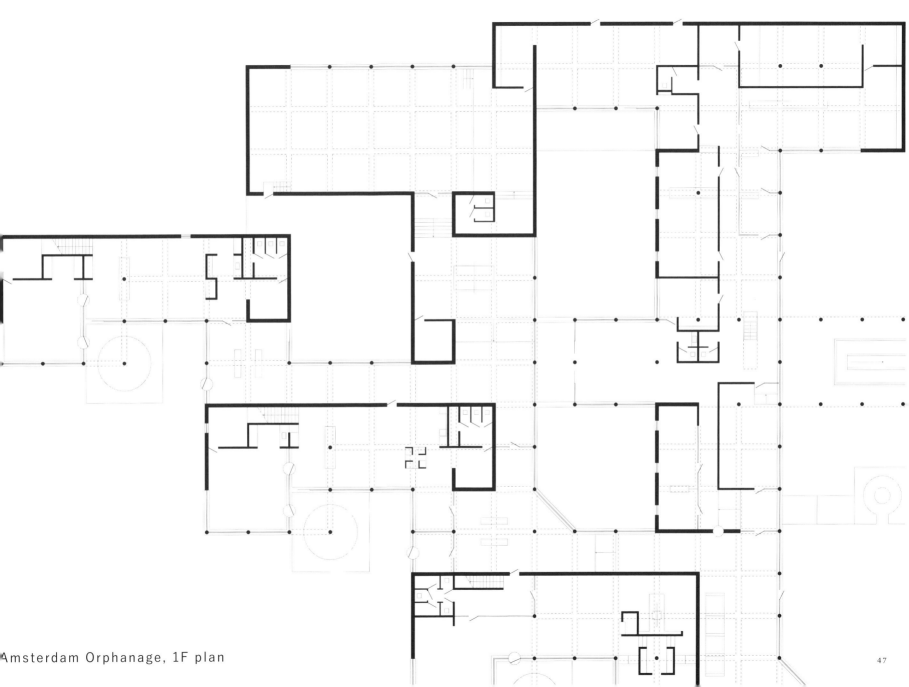

Amsterdam Orphanage, 1F plan

14
ゆ　ら　ぎ

S=1:300

サンテリア幼稚園

ジュゼッペ・テラーニの代表作であるサ
ンテリア幼稚園 (1936 〜 37) は、5.7m
× 7.7m の長方形グリッドに沿って柱が
配置される平面計画である。この柱は
正方形断面ではなく長方形断面だが、
向きは統一されておらず、加えて壁、ガ
ラス・スクリーン、可動式間仕切りは
この箱型柱から 600 〜 1800mm ほど
ずれながら配置されている。こうした
構成要素の局所的な方向性の違いとグ
リッドからのずれによって、内部空間は
様々な方向への微細な運動に溢れるこ
とになる。
長方形グリッドは立面及び断面にも及
び、ガラス・スクリーンの目地や開口部
の位置・寸法を厳密に規定しつつ、あ
たかも平面におけるグリッドへの違反・
冒険・逸脱を調停するように、視覚的
な「見通しのよさ」を内外にもたらして
いる。

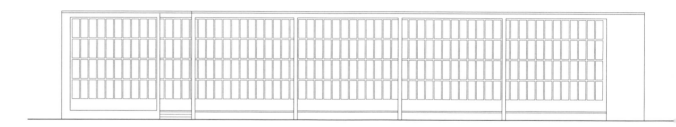

Asilo Sant'Elia, façade

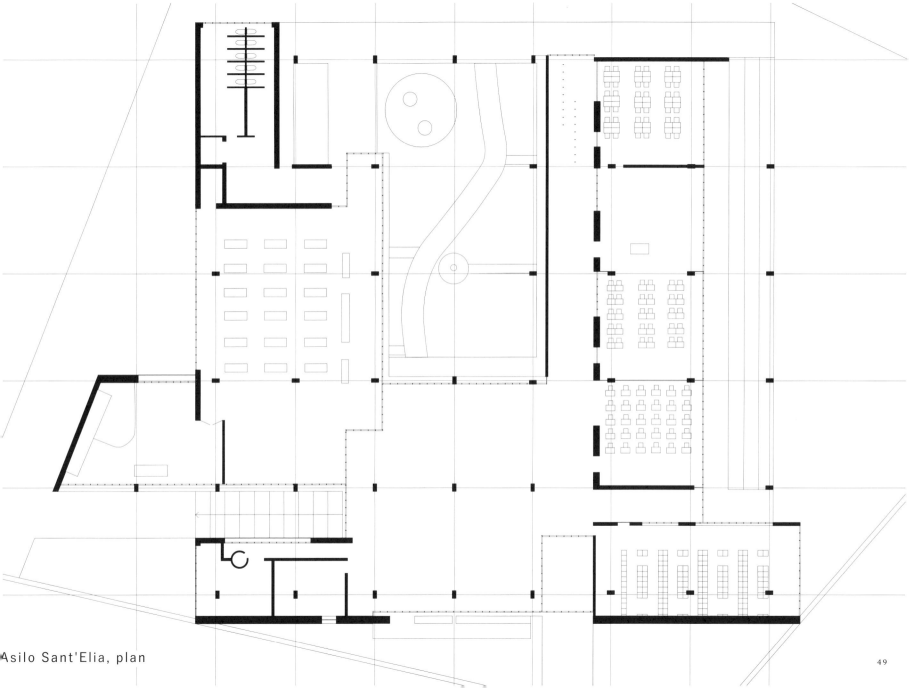

Asilo Sant'Elia, plan

P-48,49
サンテリア幼稚園
Asilo Sant'Elia

15
梁 の 区 画

S=1:400

武蔵野美術大学アトリエ棟 / 構の郭

アトリエ棟は 9.6m スパン 7×7 のグリッド交点に立つ柱の上に格子に架かる壁梁が 36 の区画を生み、規則的（市松状）に半分の 18 区画にアトリエが設けられる。アトリエ 3 区画ごとに 1 つのプラザ、その中央に 1 階ピロティから螺旋階段が上がる。残りの区画が吹き抜けで 1 階ピロティに光を落とし、2 階プラザの外部空間と、上部北採光の閉じたアトリエの、それぞれ異なった空間によって構成される。

構の郭は 7m スパン 5×6 のグリッド交点に柱を立て、それぞれ高さの異なる垂れ壁で繋いで生れる 20 区画をランダムに外部・内部空間としている。垂れ壁の下は内外部が見通せてアトリエ棟のピロティのような一体の空間となり、また垂れ壁が様々な高さで上部を囲みそれぞれのエリアに異なった印象を与え、平屋でありながらアトリエ棟のような多様な場を生み出している。

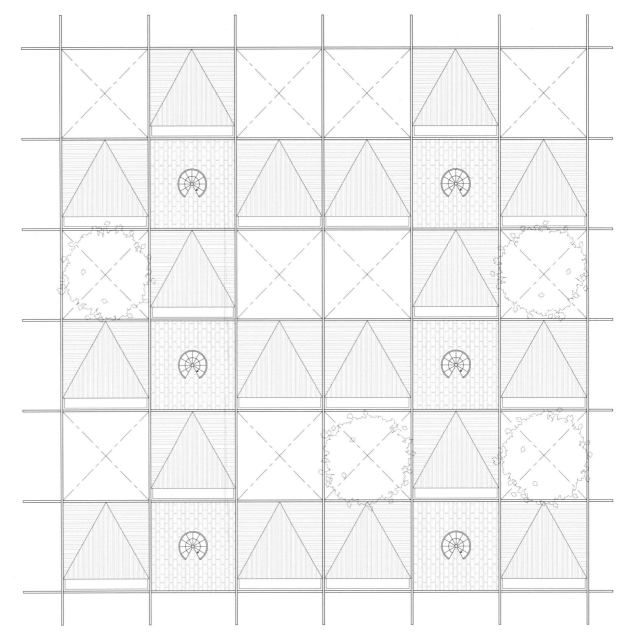

Atelier Building, Musashino Art University, roof plan

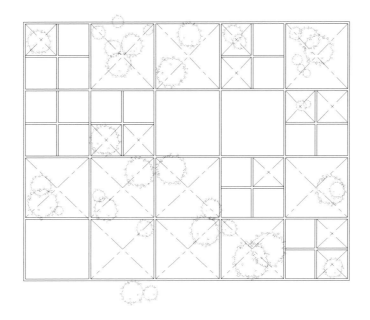

Gate Villa, roof plan

16
点 と 線 の 空 間 化

S=1:400

0 5 10 20m

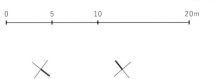

トレントンバスハウス
/ ガンジー記念博物館

グリッドは規則的なマス目、すなわち面（＝
空間）と線（＝境界）と点（＝位置）によっ
て構成される。しかし建築や都市において
は、線や点は境界や位置を示すだけでな
く、それ自体で空間をつくっていることが
多い。ニュージャージー州のトレントン・バ
ス・ハウス (1955) は、市松状に配された
一辺 9m の方形屋根を支える柱部分は、そ
の内部に小さなコの字形のサブスペースを
内包させることで、メインの空間相互を連
結するための動線部となっている。アーメダ
バードのガンジー記念館 (1963) は、6m モ
ジュールに基づくグリッドパタン上にレンガ
の柱とコンクリートの梁と木造の方形屋根
が設けられている。特にコンクリートの梁は
約 70cm 幅の U 字断面になっており、屋根
からの雨水を池へと流すための樋の役割を
担っている。境界線や交点が空間や機能を
有することで、平面グリッドパタンが建築化
されることがわかる。

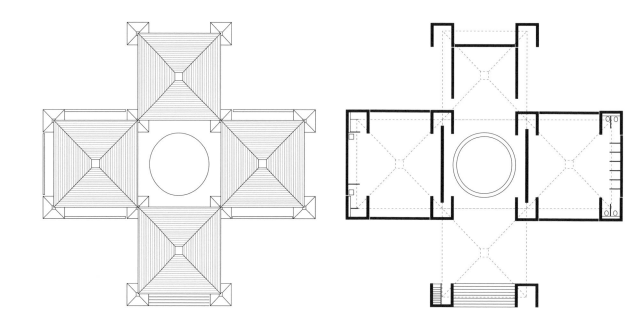

Trenton Bath House, roof and 1F plan

Gandhi Memorial Museum, roof plan

17

架構と正三角形

S=1:400

0   5   10   20m

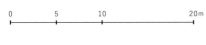

"5月25日" スポーツセンター
/ 日比谷図書文化館

両者は、正三角柱のボリュームを持ち、それを基準に一辺約7mの正三角形のグリッドを反復した全体計画となっている。一方は外部へ拡張、一方は内部の分節に、正三角形グリッドが展開される。

ベオグラード市内にある "5月25日" スポーツセンター (1973) は、中心となる正三角形平面内に一室空間を持つ。三角柱コアが、平たい正三角柱スラブの中央を貫く。コアで天井とスラブがキャンチレバーとして支えられた無柱空間となっており、60度の頂部からドナウ川の縁の広い眺望が与えられる。

日比谷図書文化館 (1957) の三角形平面は敷地形状から決定されたという。内部の柱は正六角柱となっており、柱梁の架構が7mの正三角形グリッドでダイヤモンドゲームのように区分される。

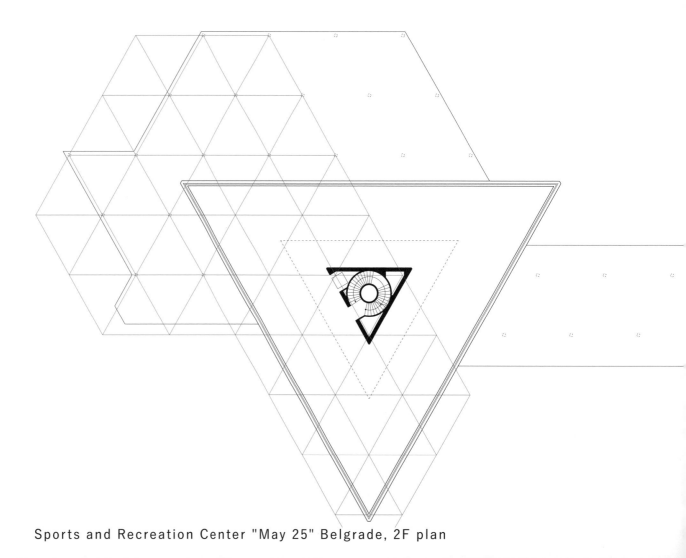

Sports and Recreation Center "May 25" Belgrade, 2F plan

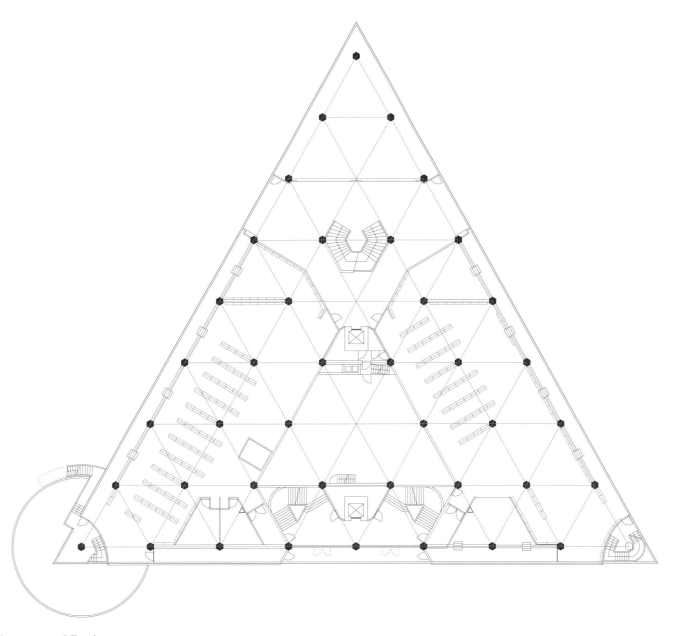

Hibiya Library & Museum, 2F plan

18
菱 形 グ リ ッ ド

S=1:400

0   5   10   20m

プラダ青山 / シアトル図書館

Herzog & de Meuron のプラダ青山
(2003) は菱形グリッドを構造体とする
ことで、従来型のドミノスラブを欠き
取り、内部にヴォイドをつくり出してい
る。ファサード展開図は、一辺 1.6m
の横置きされた菱形グリッドに従って
いる。多面体ボリュームにおいては屋
根面の端部が菱形とならない場合があ
るが、稜とグリッドの交点が揃えられ
ることで、造形としてすべての面が菱
形のグリッドで覆われているようにみえ
る。OMA のシアトル図書館 (2004) は、
多面体を構成する稜と菱形グリッドの
交点は一致せず、各面の独立性が強く
なっている。こちらの菱形グリッドは
1.4m であり、先に各機能を内包した箱
型ボリュームを空中で組み合わせたヴォ
イドがあることで、被覆材としての菱形
グリッドのフラットな平面効果が強調さ
れる。

Prada Store Tokyo, development elevation

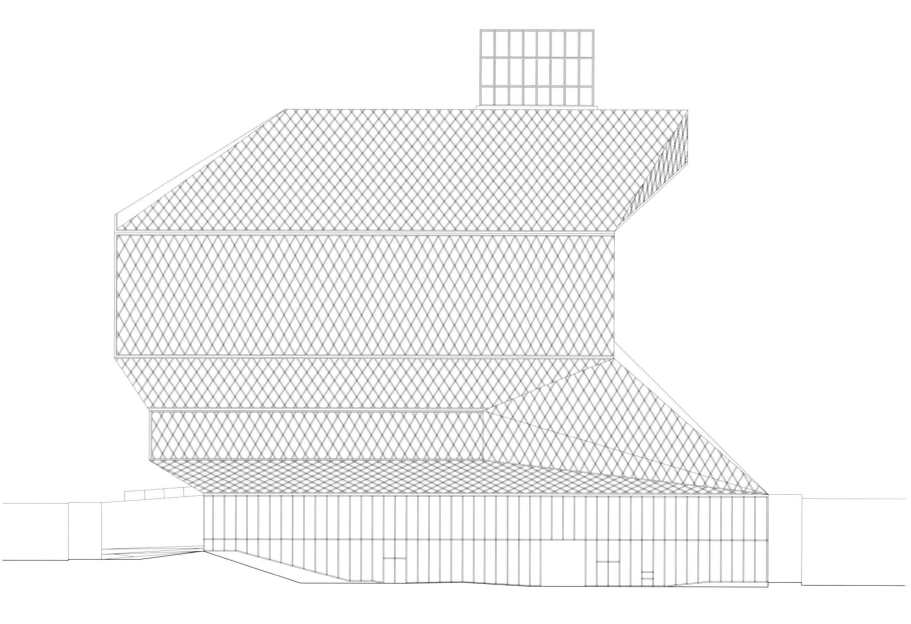

Seattle Central Library, façade

"10 月 21 日 " 犠牲者追悼館
Memorial Museum "21 October"

武蔵野美術大学アトリエ棟
Atelier Building, Musashino Art University

19
方　眼　紙

S=1:500

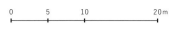
0　　5　　10　　　　20m

レイクショアドライブ
／ シーグラムビル

ミース・ファン・デル・ローエ (1886 ～
1969) は戦後アメリカで、建物の配置兼平
面図において正方形グリッドの上に配され
た構造柱の形式を多用するが、同時に床
面に引かれた正方形の方眼目地も多用して
いる。この構造柱の位置と方眼目地との関
係をみると、例えばレイクショア・ドライブ
(1951) では目地の中心と柱の中心が一致
しているが、シーグラム・ビル (1958) で
は柱の中心はマス目の中心となっている。
また、柱のスパンが 6×6 の方眼分となっ
ている点では共通しているが、方眼目地の
スパンは 6.4m ／ 8.5m で異なり、すなわ
ち住宅のスケールよりオフィスのスケールの
方が若干大きくなっている。こうした方眼
グリッドは、建物のヴォリュームの有無にか
かわらず、敷地の形状に合わせて、敷地
一杯にわたって水平に広がっており、まさ
に建物とそれを取り巻く敷地内環境を繋ぐ
ツールとなっている。

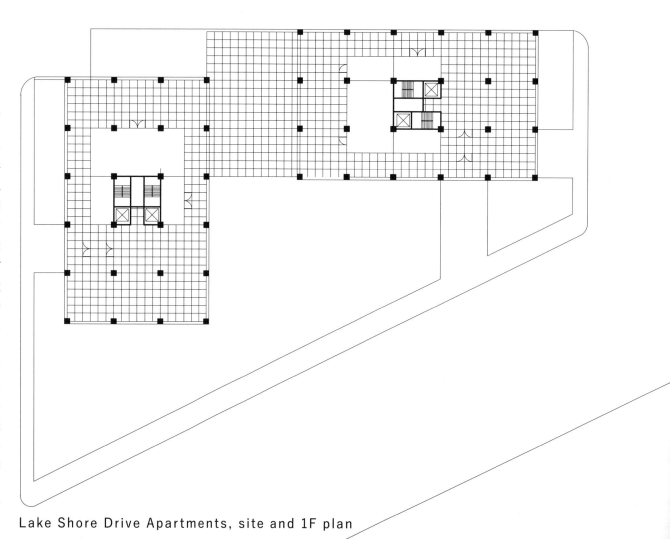

Lake Shore Drive Apartments, site and 1F plan

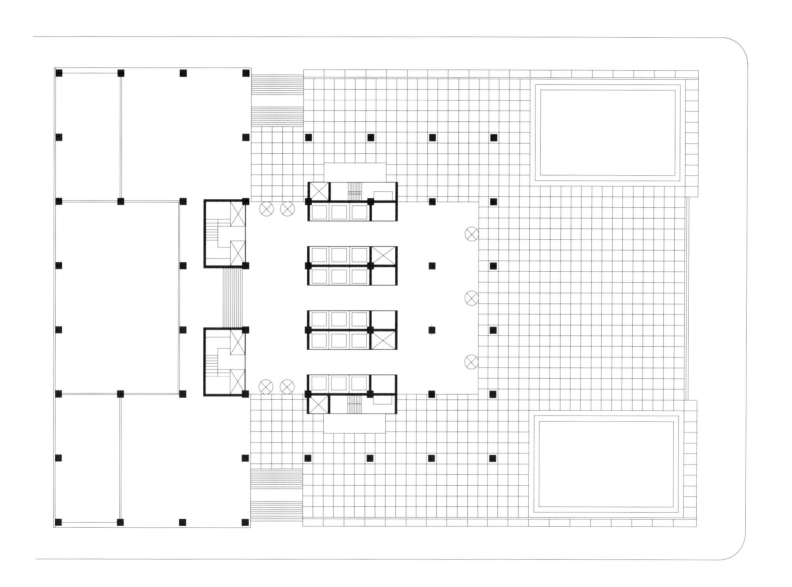

Seagram Building, site and 1F plan

20
オ　ブ　ジ　ェ

S=1:500

《二つの台地》
／都市スケールモデルサイト

「ビュランの円柱」と呼ばれるランドスケープアート《二つの台地》(1985) は、パレ・ロワイヤルの中庭に彫刻家ビュランの手によって設計された。同じ直径を持ちながら、高さの異なる円筒形が約3mのグリッド間隔で配置され、人々が座ったり登ったりすることのできる憩いの場となっている。

これと似通った寸法体系を示しているのが、日本工業大学の都市スケールモデルサイト (COSMO) である。ビル街を模した一辺1.5mのRCの立方体のグリッド状配列は、ほぼ同じ間隔の3mグリッドに従って配置される。都心のビル群に見立てられ、都市のヒートアイランド現象の実験のための日照によるエネルギー負荷の計測に用いられる。熱負荷の計測実験のための合理性に基づく配列と、人間の寸法体系を踏まえたランドスケープアートのスケールの類似が興味深い。

Les deux plateaux (Colonnes de Buren)

Comprehensive Outdoor Scale Model Site (COSMO)

21
墓碑のレイアウト

S=1:500

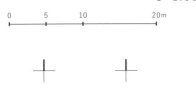

0　　5　　10　　　20m

ホロコースト記念碑
　　/ アーリントン墓地

ベルリンに建設された虐殺された
ヨーロッパのユダヤ人のための記念碑
(2005) には、約1m×約2.4mのコン
クリート製の直方体約2700基がグリッ
ド上に併置されている。抽象的でドラ
イな空間構成でありながら、石碑の高
さが0mから4.5mまで異なることで、
石碑の隙間を巡りながら様々な体験を
味わうことができる。ワシントンD.C.郊
外にあるアーリントン墓地は1864年に
開園され、それ以降現在まで、戦没者
の慰霊施設として30万人以上の墓標
が建碑されている。ポトマック川に向
かって規則的に並べられた墓標は、緩
やかに傾斜する緑の大地と相まって美
しい景観をつくっている。亡くなった
人々を祀るこうした墓地や記念碑は、
死者のための小さな団地のようであり、
すなわち都市のミニチュアであるともい
える。

Memorial to the Murdered Jews of Europe

Arlington National Cemetery

22
列　柱　の　森

S=1:500

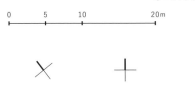

0   5   10   20m

ダンテウム / カルナック神殿

左図は、イタリアの建築家ジュゼッペ・
テラーニがダンテ・アリギエーリの叙情
詩『神曲』をモチーフにして 1938 年
にローマに計画した記念碑的建築の平
面図である。建物内部の一角を占める
10 × 10 = 100 本の多柱空間は、地
獄の森を表象しているといわれる。一
方、紀元前 14 世紀頃に建設された右
図の多柱室 (＝大列柱室) には、0.5ha
の空間の中に 134 本の巨大な円柱が
ある。建物中央部のメインの動線上に
ある 2 列柱は他の列柱群よりもややス
ケールが大きく、それぞれの柱に支持
されていた屋根面の高さが異なること
で、ハイサイドから自然採光を取り入れ
ている。それぞれ異なるスケールであ
るとはいえ、閉ざされたスペースの中に
規則的に林立する柱を高密度に配置す
ることで、奥のみえない無限に広がる
空間を出現させている。

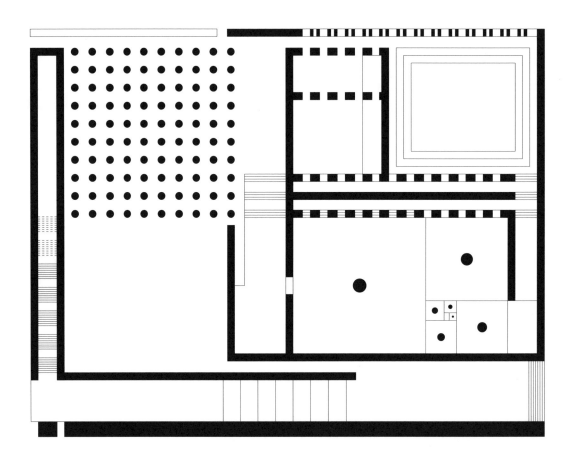

Danteum, 1F plan

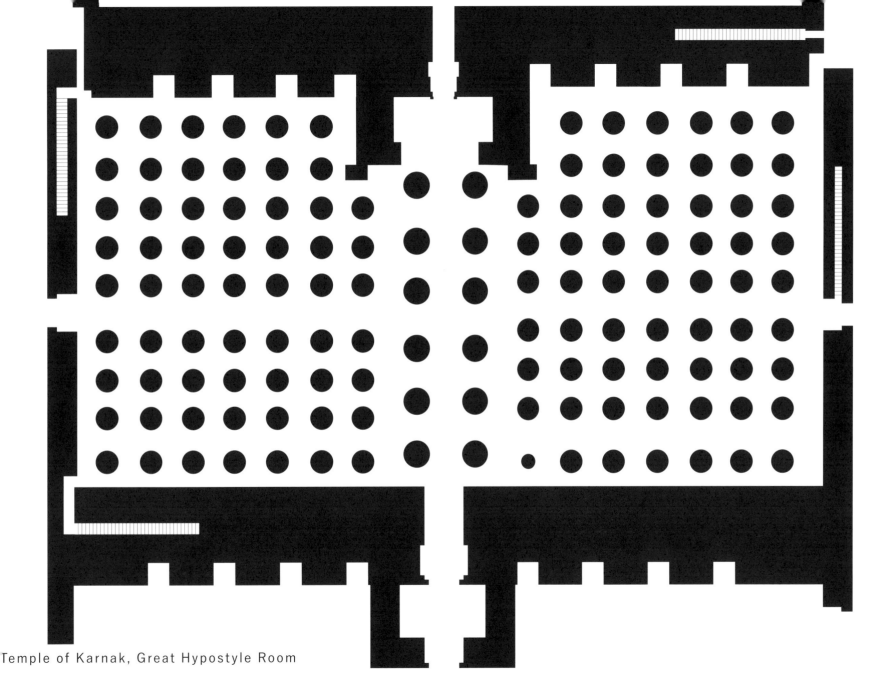

Temple of Karnak, Great Hypostyle Room

23
地 下 水 槽

S=1:500

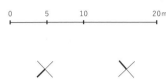

0   5   10   20m

✕   ✕

首都圏外郭放水路調圧水槽
／ バシリカ・シスタン

首都圏外郭放水路は、中川・綾瀬川流域の浸水被害を軽減するため地下50mに建設された全長6.3kmの地下放水路である。地下トンネルから流れ込む水の勢いを調整するために設けられた調圧水槽は、地下22mの位置にあり、奥行177m、幅78m、高さ18mの空間に鉄筋コンクリートの59本の巨柱が林立している。天井を支えると同時に地下水による浮き上がりを防ぐため、柱の重量は1本あたり500tにも及ぶ。地下宮殿とも呼ばれるバシリカ・シスタンは、ビザンティン帝国皇帝ユスティニアヌス1世によって建設された地下貯水槽である。奥行138m、幅65m、高さ9mの空間は、約4.8m間隔で立並ぶ大理石の336本の円柱と煉瓦造の交差ヴォールトにより支えられている。柱の大部分は、使われなくなった建物などから再利用（スポリア）されている。

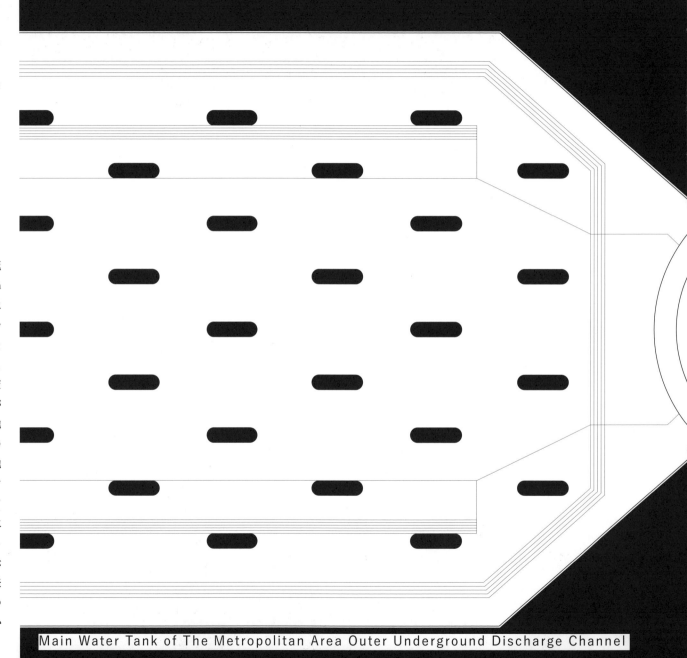

Main Water Tank of The Metropolitan Area Outer Underground Discharge Channel

Basilica Cistern

グリッドによる都市と建築のアナロジー

ジャイプル＝ Jaipur は西インド・ラジャスターン州
の州都である。その旧市街は多くの歴史的建造物が
残る魅力的な街並み（図1）を形成しているが、実は
18 世紀に入って新たに計画された都市なので、それ
は近世の新都市建設の一例と位置付けることもでき
る。約 800m ピッチの直交グリッドによって街全体
は 9 つの大街区によって構成され、それぞれの街区
は高さ 6m のピンク色の砂岩でつくられた城壁と城
門を持つ。このナイン・スクエアと呼ばれるデザイ
ンは、インド古来のマンダラ思想のコスモロジーに
基づくとされ、すなわち都市全体の形が九会曼荼羅
のアナロジーであるといえる（図2）。

図1　ジャイプルのシンボルである＜風の宮殿＞も城壁の一部である。

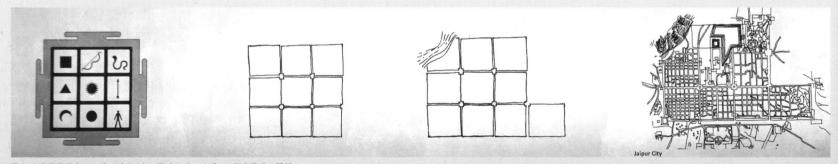

Jaipur City

図2　九会曼荼羅（＝ナヴァグラハ）の図式とジャイプルの都市構成の関係。

ジャイプル旧市街から南へ5kmほどのところに、ジャワハル・カラ・ケンドラ（＝ジャワハル美術館）がある。この建物は、インドの巨匠チャールズ・コレア（1930～2015）が1986年に設計したもので、建物の全体配置はマンダラのナイン・スクエア、あるいはそれが投影されたジャイプルのナイン・スクエアの構成を縮小したものである（図3）。約1000m²の正方形の空間単位は互いに高さ8mの壁（図4）で仕切られ、異なる内部レイアウトによる9つのスペースが小さな開口部によって連結されている。

さらにこの美術館とジャイプルのプランの類似性は、明快なグリッドシステムに則ることだけではなく、3×3のシステムから1つのマス（＝スクエア）が逸脱している点も共通している。すなわち、ジャイプルでは地形の起伏との関係によって北西隅の1マスが南東隅へ飛び出す形で移動しているのに対して、ジャワハル美術館では1つのマスが角度をずらしながら分離することによって、建物のメインエントランスとしての台形の広場がつくられている。

このようなナイン・スクエアによる正方形グリッドの事例は、身体と土地と宇宙、そして建築と都市の間の類似的な関係性が見出せるものとして、やや特異であるかもしれない。しかしグリッド・パタンという最も単純な幾何学的形式は、地域や規模がそれぞれ異なるとはいえ、多くの建築物や都市形態の中に共通して見受けられるものである。さらに、グリッドの覆う領域の端部、グリッドの間隔寸法、グリッドのラインとポイントの形状、グリッドの中身の構成、などを詳しく観察することで、グリッドが引かれた空間や環境の意味や意図を明らかにすることができると思われる。

さて、グリッド・シティは人工的に計画された都市形態のタイポロジーの1つとして世界各地に存在しているが、それは必ずしも近代以降の都市空間のみにみられるものではない。古代ギリシャの植民都市や中国の首都計画をはじめ、南フランスのバスティッドやラテンアメリカの植民都市など、いわゆる方格設計による都市デザインは近代以前から存在した。グリッド・パタンによる道路計画は、構築的合理性や軍事的機能性を備えた形式であった。

マンハッタンは土地の区画分譲の容易さを目的として計画され、チャンティガールでは自動車のスピードの制御によって道路のレイアウトがなされたように、近代都市においては資本の論理や交通モビリティによってアーバングリッドがつくられていく。一方でこうした直交グリッド・パタンは、均質性が無限に展開するという意味で、市民の民主性や自由のメタファーとなり得るが、みえないプランナー（＝計画者）によって敷かれた一見してスーパーフラットな網目空間でもあるだろう。

図3 ジャワハル美術館の平面構成。それぞれの格子内に外部空間が存在している。

図4 建物全体を9分割するピンクの壁面の交差部。

24
都市化する建築

S=1:2000

サン・ロッコの住宅
／パリ第六大学

アルド・ロッシとジョルジョ・グラッシに
よる非実現案サン・ロッコの住宅 (1966)
では、グリッドの交点の十字形が各々、
2 階部分で独立した一つの区画となっ
ており、建物の内部の室の独立性が
強い。正方形の中庭は、一階の半外
部のパサージュからアクセス可能であ
り、よりプライベートな中庭になってい
る。パリ第六大学のジュシューキャンパ
ス (1971) の一階は完全な半外部のピ
ロティで、学生以外の人々も中庭に自
由に出入りできる。2 階部分以上では、
建物の内部のグリッドの交点に階段室
等のコアが配置され、グリッドを周回す
る動線が配される。1960 ～ 1970 年代
の計画らしく、全体計画の端部で中庭
が開かれ、メタボリスティックな拡張と
プロセスプランニング的な切断が示唆
される。都市化する建築のスケールを
示す計画であるといえる。

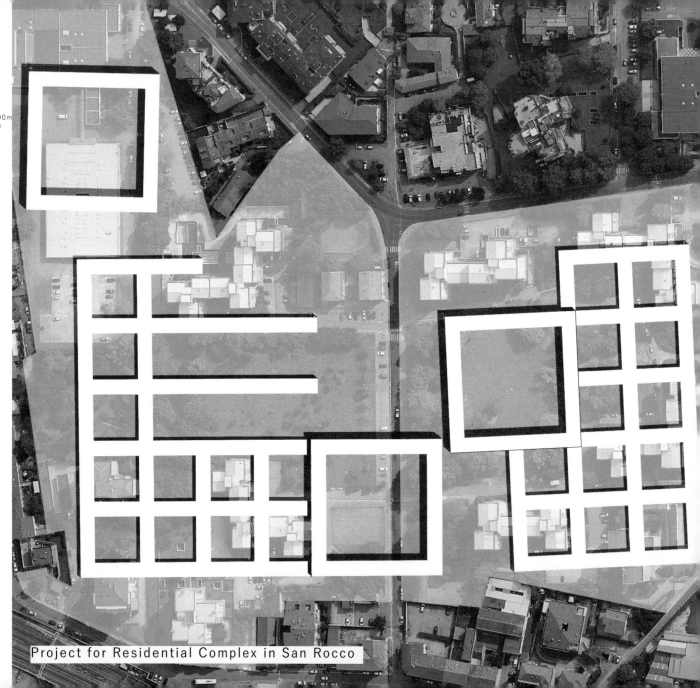

Project for Residential Complex in San Rocco

L'Université Pierre-et-Marie-Curie, Paris-VI

25
人の区画・機械の区画

S=1:2000

0　10　　　50　　　　100m

屯田兵村（琴似兵村）/ 大潟村

北海道の警備と開拓のための屯田兵村は、グリッド状（直角法）の区画割（屯田区画）に方位や寸法の統一された規格はなく、選定された建設地の状況に合わせて決められている。兵屋（標準17.5 坪）付の敷地で、兵屋以外の敷地を耕地（菜園）とした。最初の琴似兵村では 10 間（9m）× 15 間（14m）の区画割で屯田兵村の中では最小の敷地。

八郎潟干拓による農地の大潟村の区画もグリッド状だが、圃場 1 枚は 90m × 140m。1 戸あたり 4 枚 (5ha)、6 戸が共同でトラクタ 3 台コンバイン 1 台による大規模機械農業を前提に計画された。鋤鍬で耕作した琴似兵村と機械化農業の大潟村の区画は縦横それぞれほぼ 10 倍。屯田兵村も最盛期には 30 間× 500 間という大潟村の圃場と同程度の面積の区画もあったが、プロポーションが異なる。

Village of Tondenhei

Ogata-mura

26
短冊状の街区

S＝1：2000

0 10   50   100m

月島 / ラ・バルセロネータ

月島は、18世紀末につくられた埋め立
て地で、狭い路地を生活動線として木
造の長屋が密集しているのが特徴であ
るが、近年ではこうした景観が新たな
立体街区へと変貌しつつある。バルセ
ロネータは、18世紀にバルセロナ東部
に要塞を建設するために強制撤去させ
られた住民を住まわせるために旧市街
の外側につくられた新街区である。低
層高密度を保つため、細長い短冊状の
街区内には中庭がなく、すべて建物で
埋め尽くされ、街路幅も狭い。場所に
よっては街路の上部に建物が重層して
いる。短冊状のブロックで構成された
の2つの街は、建物のタイプやその集
合の形式は異なるものの、現代都市の
中心部にスケールの小さなグリッド街区
が残存していることで、それぞれ貴重
な観光地区として脚光を浴びている。

Tsukishima District, Tokyo

La Barceloneta

27
パッチワーク

S＝1：5000

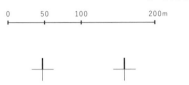

0　　50　　100　　　　　200m

横浜中華街
／チャンディガール（セクター45）

横浜中華街は、1860年代に海岸線に
沿った街区グリッドで開発された外国
人居留地の中に、立ち退きを迫られた
横浜新田の村民が抵抗し、後に風水を
重んじる中国人用の居留地として再開
発された街区である。一方、ル・コル
ビュジエによって全体計画がなされた
チャンディガールは、ヒマラヤ山脈を背
景になだらかな斜面の高低差を利用し
てつくられたグリッド都市であるが、そ
の一部に既存集落の面影のある地区
が存在している。いずれも時間的なズ
レによってできた街区グリッドの継接ぎ
＝パッチワークを示しているが、地形と
連動して構成される街路と、方位と連
動して構成される街路が、重なり合っ
て共存している様子がうかがえる。

Yokohama Chinatown

Chandigarh, sector 45

28
参 照 点 の 布 置

S=1:5000

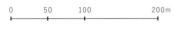

カンナレージョ公園
／ ラヴィレット公園

アイゼンマンのカンナレージョ計画（1978、未完）においてグリッド状に配された穴は、ル・コルビュジエのヴェネツィア病院計画（1964、未完）を参照したものである。この穴に隣接する大小様々な赤いフォリーの内部には、ヴェネツィアの複雑な都市構造が不規則な「折目」として縮約されている。ベルナール・チュミがラヴィレット公園のコンペティションを勝ち取るのはそれから4年後のことである。カンナレージョ計画では未完のプロジェクトへの参照が文字通り不在＝ヴォイドという形で現れていたのに対して、ラヴィレット公園では赤いフォリーそのものが120m間隔で布置され、広大な敷地に配分される種々雑多なプログラムの参照点となっている。いずれも、グリッドを用いた別の構造を重ね合わせることで、既存の都市の「書き換え」を企図している点で共通している。

Cannaregio Town Square

Parc de La Villette

29
同 心 多 角 形 と 放 射 線

グランミケーレ
／ ベンチャーアウトリゾート

グランミケーレはヴァル・ディ・ノート大地
震 (1693) により崩壊した町に代わって築
かれたイタリア・シチリア島の六角形の都
市。中心の六角形の広場から放射状に六
方向に伸びる道路と同心の六角形に広がる
環状道路によって区画されている。同様に
地震からの復興で築かれたアーヴォラも六
角形平面の都市だが、他の多くの復興都
市と同様に直交グリッドの街並み。
ベンチャーアウトリゾートは、中心のホテル
を周囲のスポーツ・アメニティ・レクリエー
ション施設が取り巻き、さらにその外を、
退職者のための住宅が何重にも取り巻い
ていて、十角形の環状道と放射道路で構
成される。アリゾナの気候を利用した、55
歳以上の退職者のためのコンドミニアムが
建ち並ぶ。ほかにトレーラーハウス・RV
車の宿泊エリアも備える。
どちらも求心性が強調され、中心に向かう
ことが意味を持つ都市。

Grammichele

Venture Out Resort

30
斜　面　を　覆　う

S＝1:10000

ヴァレッタ / ミレトス

ヴァレッタは、地中海に浮かぶ小国マルタの首都で、16世紀よりマルタ騎士団らによってつくられた要塞都市である。2つの港湾に挟まれた半島状の都市は起伏に富み、格子状に引かれた街路の一部は急なスロープや階段となっている。格子状の街路に面する建物の開口部の多くは出窓形式で、室内から海を望めるようになっている。ミレトスは、エーゲ海の東沿岸に紀元前5世紀頃に計画された古代ギリシャの植民市で、都市計画家ヒッポダモスによるグリッド・シティの起源とされている。半島状の港湾都市であったが、現在は沈泥によって内陸化している。スケールの異なる新旧2つの街区が並存し、さらに街区を超える大きさの施設や広場が点在するが、いずれも既存の地形や起伏に影響されることなく同軸方向にレイアウトされている。

Valletta

Miletus

87

31
インディアス法

S＝1:10000

0 100 200   500m

✕   ✕

トルヒーヨ / イントラムロス

スペインの植民地は、インディアス法
の都市計画により、中心となる長方形
の広場プラザから4本の主要道路を
伸ばし、左右対称に拡張できることな
ど詳細なルールが決められて画一化さ
れていた。プラザを中心に計画された
都市には碁盤状に道路が引かれたが、
最初につくられたペルーのトルヒーヨ
(1534) では、グリッド状に引かれた道
路と後に築かれた楕円形の城壁 (17 世
紀) によって、周辺では三角形や台形
の区画が多数生まれている。
フィリピンのスペインによる植民都市イ
ントラムロス (1606) でも、変形した地
形に合わせて城壁を築き、その内側を
碁盤状に道路が引かれたので、城壁周
辺で変形した街区が大量に生まれてい
る。中南米だけでなく、アジアの植民
都市でもインディアス法が順守されてい
たことがわかる。

Trujillo

32
建 築 家 の 理 想 都 市

S＝1:10000

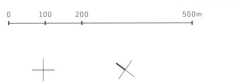

ブロードエーカー・シティ
／チャンディガール（セクター22付近）

ブロードエーカー・シティは、フランク・ロイド・
ライトが1930年代に提唱した理想都市で、都
市への人口集中と建築群の高層化を避けて、
大地に根ざした田園生活の姿を描いたモデル
である。計画地全体は1マイル四方(＝640エー
カー）を大街区とし、それが1エーカー（＝約
4000m²）の敷地ユニットに分割されているが、
各敷地は従来の短冊状（＝1:10）ではなく幅広
（＝1:1.6）である。チャンディガールは、ル・
コルビュジエによって1950年代に計画された
インド北部の州都で、全域がほぼ1200m×
800mの大街区に分割されている。さらに街区
内には車のスピードを段階的に制御するための
数種類の道路がセットされている。ライトの都
市では部分から全体、すなわち均質的な土地
区画と序列のない街区構成を目指しているのに
対して、コルビュジエの都市では全体から部分、
すなわち車のスピードと歩行者が共存するため
の仕組みを非立体的な都市の中で実現させる
ことを目指しているといえる。

Broadacre City

Chandigarh, around sector 22

33
人と車の共存

S=1:10000

0   100   200   500m

ポートランド
／ マンハッタン（ミッドタウン付近）

太平洋岸の北西部に位置するオレゴン
州ポートランドは、ウイラメット川を挟
んだ人口約 60 万、人口密度 1700 人
／ km² の一地方都市であるが、全米一
の住みやすい街として有名である。中心
部の碁盤目状の街路のピッチはすべて 1
マイルを 20 分割した約 80m で、道路
幅 20m を差し引くと 1 街区の大きさは約
60m の正方形となる。一方、人口密度
が 26000 人／ km² のニューヨーク・マ
ンハッタンのミッドタウン付近の短冊状の
街区は、その短辺方向の街路ピッチは
約 80m で、これはポートランドとほぼ同
じである。しかし長手方向の街路ピッチ
は約 280m(アヴェニューの幅は 30m)
で、それにより 1 街区の面積が 5 エーカー
(=3ha) となっている。街路はほぼフラッ
トで道幅が狭く、植栽帯もガードレール
もないので、かえって歩行者にとって移
動し易いスケールとなっている。

Portland

Manhattan, Midtown

34
モータリゼーション

S=1:35000

0   0.5   1   1.5km

ソルト・レイク・シティ
／ ラスヴェガス

アメリカ合衆国の直交グリッド・シティ
は、17世紀に方格設計されたニュー
ヘイブンやフィラデルフィアにはじまり、
超高層ビル群による立体グリッドを構
成するシカゴやニューヨーク、そして内
陸部の広域都市に至るまで数多く存在
する。19世紀のゴールドラッシュのルー
ト上に位置するユタ州ソルト・レイク・
シティとラス・ヴェガスはともに正方形
グリッドによる都市であり、ソルト・レ
イク・シティのダウンタウンの大街路は
約240m間隔で配され、ラス・ヴェガ
スの中心部の目抜通りでは約800m間
隔となり、これらの都市内のモビリティ
はもっぱら自動車を主体としている。ま
た両都市とも正しく東西／南北に向い
たグリッドが引かれており、その点では
中国の都城の構造と類似している。

Salt Lake City

Las Vegas

35
巨 大 農 場

S＝1:35000

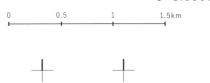

センターピボット灌漑
／根釧台地格子状防風林

グレートプレーンズには、センターピボット方式による自走回転する散水管が描く円形の灌漑農場がぎっしり並ぶ。元はホームステッド法による800mピッチのグリッドの農地で、それに合わせて半径400mの円が区画ごとに詰まっている。この灌漑方式はサウジアラビア、エジプト、リビア、中国などでも行われているが、平面を同径の円で埋め尽くし最も多くの農地を得られる六角配置などもみられる。

明治の北海道では屯田兵村とは別に、アメリカのホームステッド法に学んだ植民地区画制度による入植・開墾が行われた。直角法を用いた区画は、小区画100間×150間(大潟村圃場の大きさ)、中区画300間×300間、大区画900間×900間(ホームステッド法区画の4つ分)の3段階。北海道遺産に登録される格子状防風林は、この大区画4つ分1800間×1800間を囲う幅100間の植林が中標津町、標津町、別海町、標茶町にまたがる50万haに広がっている。

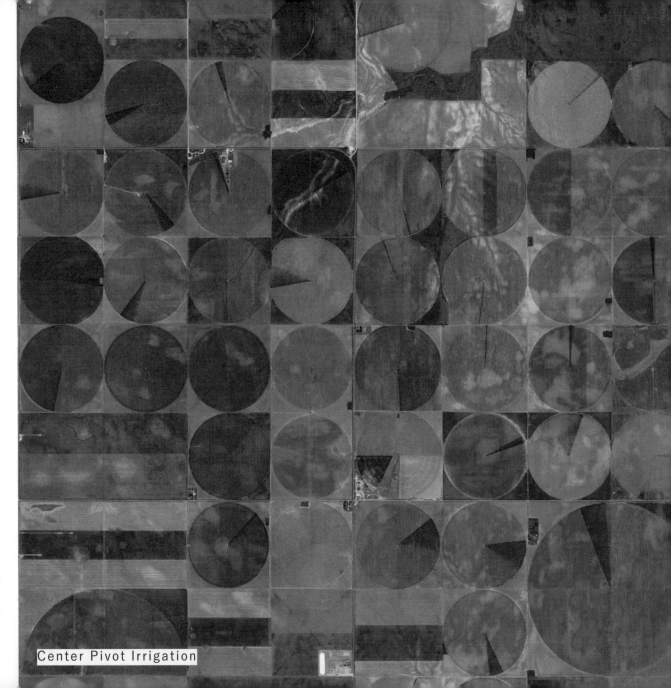

Center Pivot Irrigation

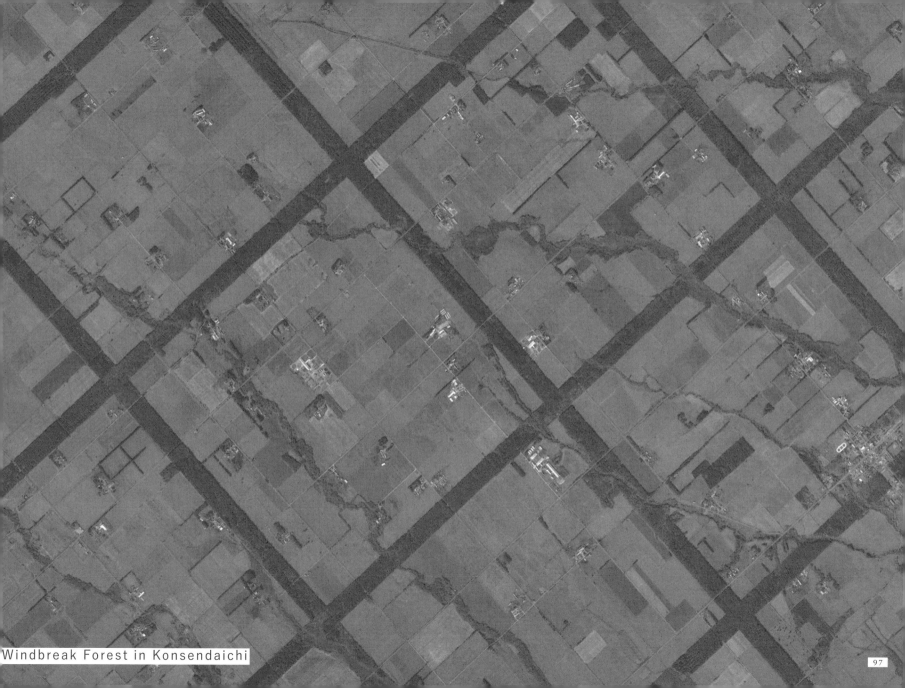

Windbreak Forest in Konsendaichi

36
都 市 の 拡 張

S=1:35000

| 0 | 0.5 | 1 | 1.5km |

╋ ╳

ブエノスアイレス / バルセロナ

ブエノスアイレスは、人口約 300 万の
アルゼンチンの首都である。16 世紀の
創設から現在に至るまで、同一の正方
形グリッドが増幅する形で都市の拡張
が続けられている。当初の都市は、各
街区のサイズが約 117m × 117m、街
路幅が約 9m で、マヨール広場を中心
とする 9 × 15 の街区による長方形の
都市であった。その後グリッド状の街
路が徐々に延伸する形で市域が拡大し
現在の姿となる。バルセロナは、14 世
紀にはすでに城壁を有する中世都市で
あったが、人口密度の増加によって都
市環境が悪化し、1859 年にイルデフォ
ンソ・セルダによって旧市街を取り囲む
形で拡張計画が提案された。セルダの
案は、113m × 113m の街区と幅 20m
の街路からなる正方形グリッドで、こ
れはブエノスアイレスの街区割とほぼ同
スケールである。

Buenos Aires

Barcelona

37
条　坊　制

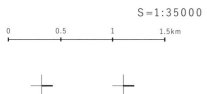

S=1:35000

0 0.5 1 1.5km

藤原京 / 平城京

『周礼』は儒教の教書で、その中の失われた冬官が、後に『考工記』で補われた。そこに記された王都プランの主な特徴は、九里四方で、前朝後市、左祖右社、中央宮闕、左右民廛、とされる。条坊制(東アジアのグリッド都市計画)を見るとき、この特徴が参考になる。藤原京は日本ではじめて条坊制で築かれた都である。発掘から十条十坊の正方形プランで中央に藤原宮が置かれ、『考工記』の王都をモデルにしたと思われる。

次に造営された平城京は藤原京の北20km強。中ツ道・下ツ道がほぼ直線に両京を結んでいるので、坊の大きさがほぼ同じなのがわかる。明らかに藤原京と違うのは、宮城が北詰に位置していること。遣隋使・遣唐使との関係を考えると、平城京は隋唐長安城をモデルにしたと考えられる。

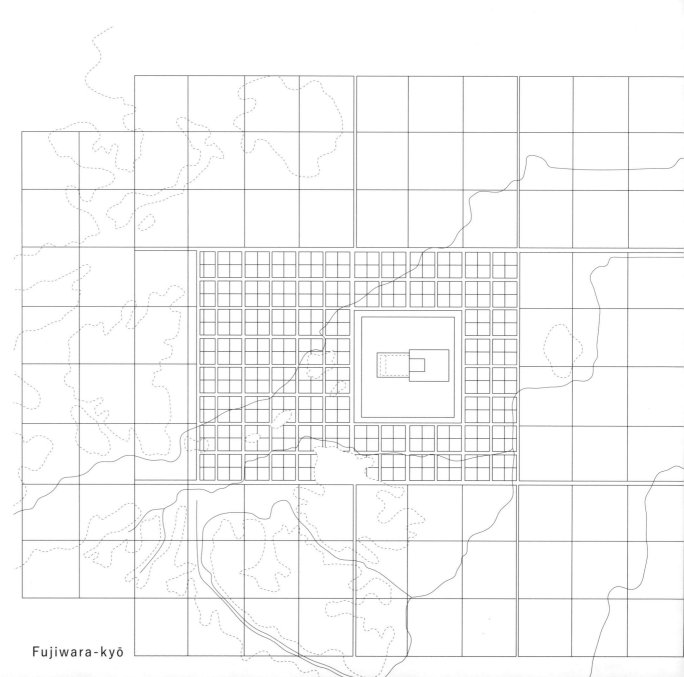

Fujiwara-kyō

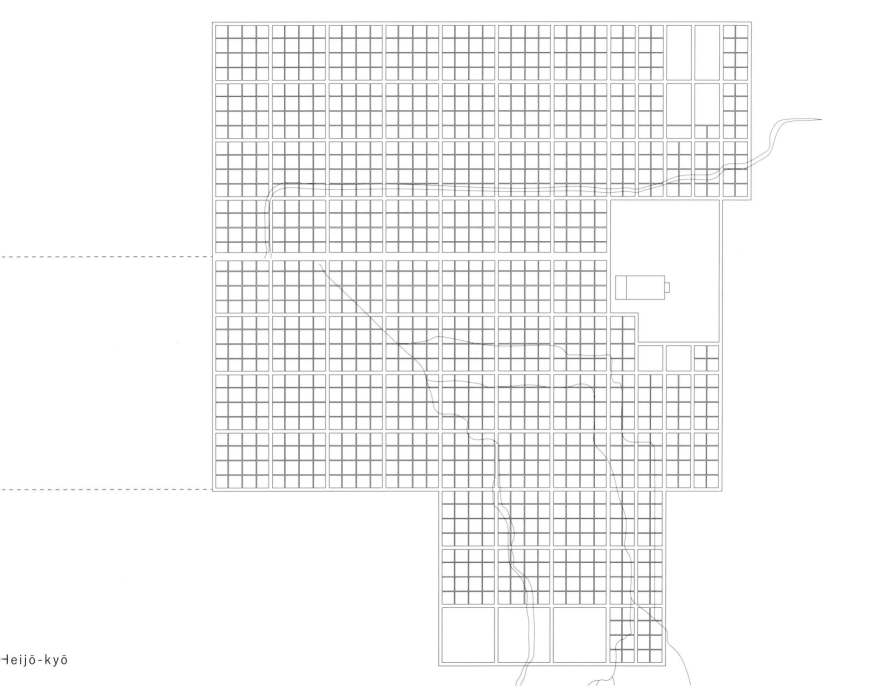

Heijō-kyō

38
区 画 と 街 路

S=1:35000

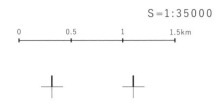

0 0.5 1 1.5km

平城京 / 平安京

平城京の条坊制は、街路による等間隔の町割りが基本単位で、その中でそれぞれ必要な街路幅が取られるので、東西と南北の街路幅の違いによって、区画自体は正方形とは限らない。

それに対して平安京の条坊制は、宅地班給の40丈×40丈の正方形区画が基本単位で、それにそれぞれ必要な幅の街路が付加されるので、街路を含めて正方形なのは4丈の小街路を挟んだ4×4＝16区画まで。中央集権の確立により正確な班給が必要だったことの現れだ。平城京と平安京の間に造営された長岡京が中央集権強化の移行期で、区画を40丈の正方形にする区割りが部分的に現れているが、平安京ほど徹底されていない。

平城京が範をとったとされる隋唐長安は基本となる区画でも5種類あるとされ、そのほとんどが長方形だ。

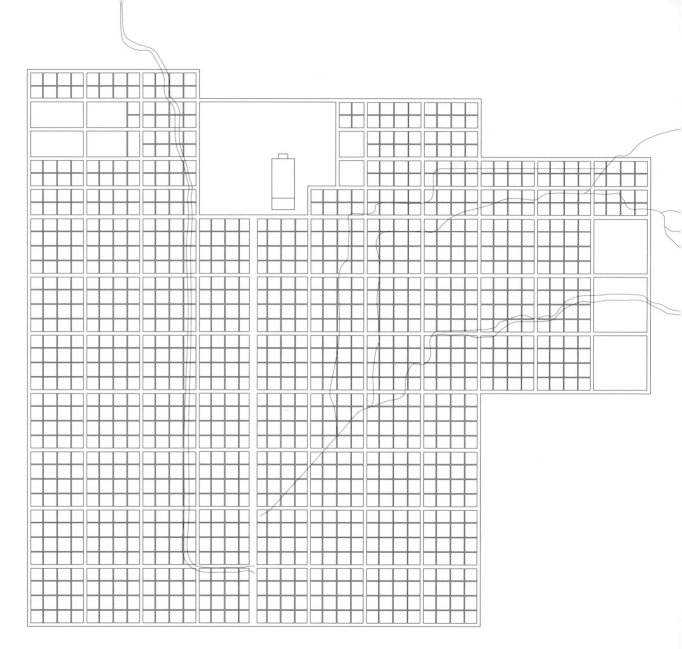

Heijō-kyō

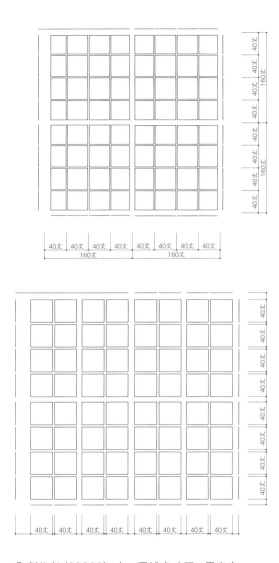

町割り (1/20000)，上：平城京 / 下：平安京
town allocation Heijō-kyō / Heian-kyō

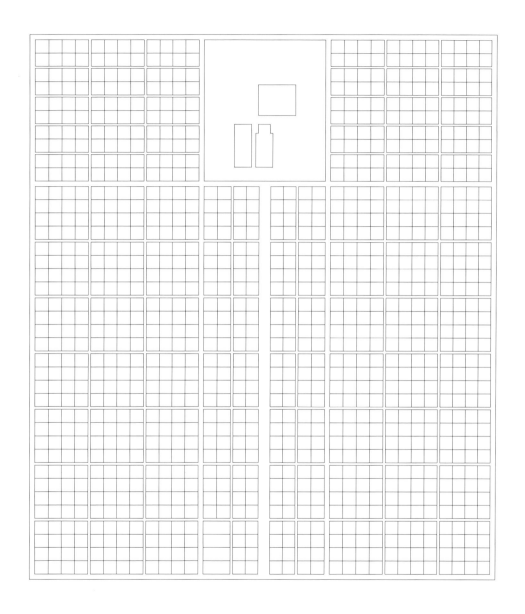

Heian-kyō

39
小中国・大中国

S＝1:50000

北魏洛陽 ／ 隋唐長安

中国の王都は王朝が代わるたびに方々
に移っているが、農耕民による王朝（小
中国）は穀倉地帯を統治するために洛
陽または南京あたりが選ばれ、農耕民
と遊牧民の一体となった王朝（大中国）
では農耕地と遊牧地の双方を統治する
ために長安あるいは北京あたりが選ば
れた。現在ある程度わかっている最も
古い小中国の王都は北魏洛陽だ。広大
な外郭を築き、中を300を超えるグリッ
ド状の区画に分けた。宮城は多少北に
寄っているがほぼ中央で、『周礼考工
記』の影響を思わせる。
発掘された古い大中国の王都は北魏か
ら200年ほど下った隋唐長安だ。北
魏洛陽を受け継いだとされるが、宮城
は完全に北詰。北方民族からの守りと
して、宮城の北は広大な禁苑（西内苑）
が置かれている。

宮城

西市

洛水

Luòyáng

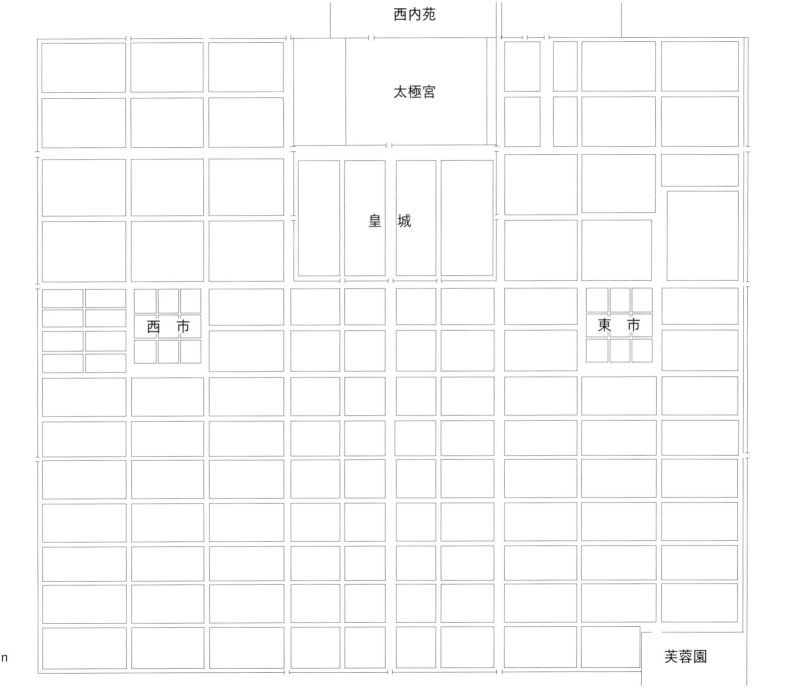

西内苑

太極宮

皇　城

西　市

東　市

Chang'an

芙蓉園

40
無限グリッド

S=1:50000

0　0.5　1　2km

シティ・ウォール
／ノー・ストップ・シティ

Archizoomのノー・ストップ・シティ
は資本制都市に対する批判的な問いか
けであり、極限まで圧縮された労働者
階級の居住機能が、最小限の矩形ヴォ
リュームとして一定の間隔で反復されて
いる。このシステムは無限に広がるグ
リッドとして際限なく広がり、結果とし
て地表には自由に開発可能な土地が最
大化する。対してDOGMAのシティ・
ウォールは際限のない都市開発を「封
じ込める」ための提案である。ここで
はグリッド型都市における街路と建築
物の関係が反転しており、住宅とオフィ
スの機能を担う細長いヴォリュームが都
市開発の対象となる土地を厳密に定義
している。この2つの思弁的な都市計
画では、無限に反復する「点としてのグ
リッド」と囲いとして機能する「線とし
てのグリッド」の性格の違いが対照的
に現れている。

City-Walls

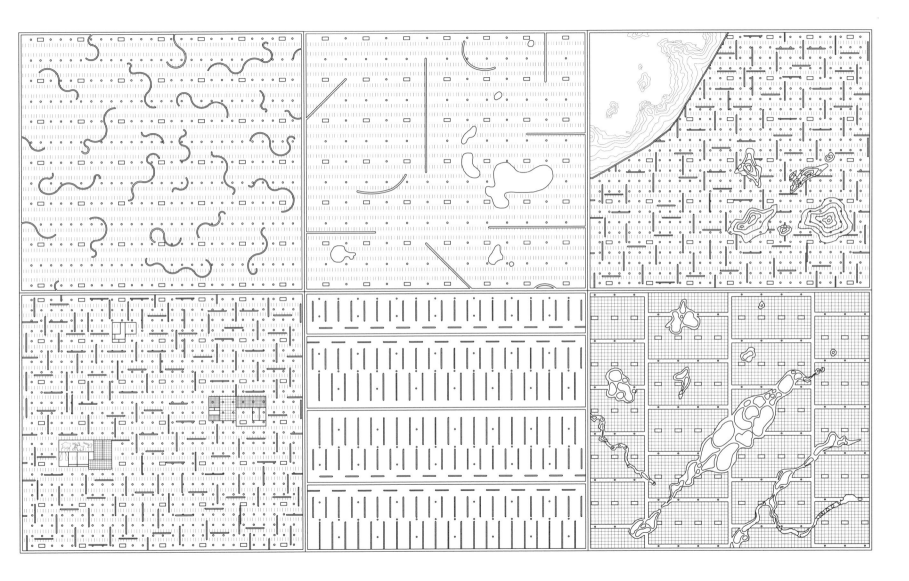

No-Stop City

1-L. **ウィークエンドハウス** | Weekend House
西沢立衛 | Ryue Nishizawa, Gunma, Japan, 1998

1-R. **矩形の森** | Rectangular Forest
五十嵐淳 | Jun Igarashi, Hokkaido, Japan, 2000

2-L. **House F**
坂本一成 | Kazunari Sakamoto, Tokyo, Japan, 1988

2-R. **シルバーハット** | Silver Hut
伊東豊雄 | Toyo Ito, Tokyo, Japan, 1984

3-L. **宮本町の住居** | House in Miyamoto
島田陽 | Yo Shimada, Osaka, Japan, 2017

3-R. **斜条坊の家** | Diagonal House
畑友洋 | Tomohiro Hata, Kyoto, Japan, 2017

4-L. **住宅 No.76** | Residence No.76
池辺陽 | Kiyoshi Ikebe, Japan, 1965

4-R. **スティールハット** | Steel hut
伊東豊雄 | Toyo Ito, Imabari, Japan, 2011

5-L. **グリッド** | Grid
藤野高志 | Takashi Fujino, Gunma, Japan, 2017

5-R. **79th&Park Hillside**
ビャルケ・インゲルス・グループ | Bjarke Ingels Group: BIG, Stockholm, Sweden, 2018

6-L. **ルヌガンガ** | Lunuganga
ジェフリー・バワ | Jeoffrey Bawa, Dedduwa, Sri Lanka, 1958

6-R. **東福寺（西庭・北庭）** | Tofukuji, Honbo Garden
重森三玲 | Mirei Shigemori, Kyoto, Japan, 1939

7. **モデナ墓地の納骨堂** | The Columbarium of New San Cataldo Cemetery
アルド・ロッシ | Aldo Rossi, Modena, Italy, 1983

8-L. **宮島邸** | Miyajima Residence
藤井博巳 | Hiromi Fujii, Tokyo, Japan, 1973

8-R. **群馬県立美術館** | The Museum of Modern Art, Gunma
磯崎新 | Arata Isozaki, Gunma, Japan, 1974

9-L. **カメハウス** | Kame House
河内一泰 | Kazuyasu Kochi, Niigata, Japan, 2013

9-R. **villa kanousan**
柄沢祐輔 | Yuusuke Karasawa, Chiba, Japan, 2009

10-L. **アライブ本社工場** | Factory Alive
東海大学岩岡竜夫研究室 | Iwaoka Lab., Niigata, Japan, 2007

10-R. **ジョンソンワックス本社** | Johnson Wax Headquaters
フランク・ロイド・ライト | Frank Lloyd Wright, Racine, USA, 1936

11-L. **パーマー邸** | Palmer House
フランク・ロイド・ライト | Frank Lloyd Wright, Michigan, USA, 1950

11-R. **プライス邸** | Joe Price House
ブルース・ガフ | Bruce Goff, Oklahoma, USA, 1966

12-L. **ベオグラード現代美術館** | Museum of Contemporary Art Belgrade
イヴァン・アンティッチ | Ivan Antic, Belgrade, Serbia, 1965

12-R. **ハイアット・リージェンシー・ベオグラード** | Hyatt Regency Belgrade
イヴァン・アンティッチ | Ivan Antic, Belgrade, Serbia, 1989

13-L. **"10 月 21 日" 犠牲者追悼館** | Memorial Museum "21 October"
イヴァン・アンティッチ | Ivan Antic, Kragujevac, Serbia, 1965

13-R. **子供の家** | Amsterdam Orphanage
アルド・ファン・アイク | Aldo van Eyck, Amsterdam, Netherlands, 1960

27-L. 横浜中華街 | Yokohama Chinatown
Yokohama, Japan

27-R. チャンディガール (セクター 45)| Chandigarh sector 45
ル・コルビュジエ | Le Corbusier, Chandigarh, India, 1950~

28-L. カンナレージョ公園 | Cannaregio Town Square
ピーター・アイゼンマン | Peter Eisenman, Venice, Italy, 1978 (unbuilt)

28-R. ラヴィレット公園 | Parc de La Villette
ベルナール・チュミ | Bernard Tschumi, Paris, France, 1998

29-L. グランミケーレ | Grammichele
Sicily, Italy

29-R. ベンチャーアウト・リゾート | Venture Out Resort
Arizona, USA, 1968

30-L. ヴァレッタ | Valletta
Valletta, Malta

30-R. ミレトス | Miletus
Didim, Turkey

31-L. トルヒーヨ | Trujillo
La Libertad, Peru, 1534

31-R. イントラムロス | Intramuros
Manila, Philippines, 1606

32-L. ブロードエーカー・シティ | Broadacre City
フランク・ロイド・ライト | Frank Lloyd Wright, USA, 1932(unbuilt)

32-R. チャンディガール (セクター 22 付近)| Chandigarh around sector 22
ル・コルビュジエ | Le Corbusier, Chandigarh, India, 1950~

33-L. ポートランド | Portland
Portland, USA

33-R. マンハッタン (ミッドタウン付近)| Manhattan
New York, USA

34-L. ソルト・レイク・シティ | Salt Lake City
Salt Lake City, USA

34-R. ラスベガス | Las Vegas
Las Vegas, USA

35-L. センターピボット灌漑 | Center Pivot Irrigation
Kansas, USA, 1940

35-R. 根釧台地格子状防風林 | Windbreak Forest in Konsendaichi
Hokkaido, Japan, 1907

36-L. ブエノスアイレス | Buenos Aires
Buenos Aires, Argentine

36-R. バルセロナ | Barcelona
Barcelona, Spain

37-L. 藤原京 | Fujiwara-kyō
Nara, Japan, 694

37-R. 平城京 | Heijō-kyō
Nara, Japan, 710

38-L. 平城京 | Heijō-kyō
Nara, Japan, 710

38-R. 平安京 | Heian-kyō
Kyoto, Japan, 794

39-L. 北魏洛陽 | Luòyáng
Henan, China, 493

39-R. 隋唐長安 | Chang'an
Shaanxi, China, 555

40-L. シティ・ウォール | City-Walls
DOGMA+Office KGDVS, South Korea, 2005 (unbuilt)

40-R. ノー・ストップ・シティ | No-Stop City
アーキズーム | Archizoom, 1970

出典リスト

◯ p.8, 緯度経度図

Google

◯ p.8, 寺町通御池上る

Google

◯ p.11, 気象レーダー画像

気象庁ホームページ URL: http://www.jma.go.jp/jp/doshamesh/

大雨警報 (土砂災害) の危険度分布を編集・加工

◯ p.11, A 12-inch silicon wafer(Author: Peellden)

This file is licensed under the Creative Commons Attribution-Share Alike 3.0 Unported license.

URL: https://commons.wikimedia.org/wiki/File:12-inch_silicon_wafer.jpg

◯ p.30, ルヌガンガ

LUNUGANGA, Times Editions, 1953

◯ p.31, 東福寺本坊庭園

重森三玲『日本庭園史大系 』27 巻

◯ p.64, 二つの台地 (ビュランの円柱)

Google

◯ p.65, 都市スケールモデルサイト

Google

◯ p.66, ホロコースト記念碑

Google

◯ p.67, アーリントン墓地

Google

◯ p.72, 図 2

Jawahar Kala Kendra 美術館内壁画より

◯ p.72, 図 3

Charles Correa A Mimar Book, Concept Media, 1987

◯ p.74, サン・ロッコ地区の集合住宅計画案

Google

◯ p.75, パリ第 6 大学

Google

◯ p.76, 屯田兵村 (琴似兵村)

Google

◯ p.77, 大潟村

Google

◯ p.78, 月島

Google

◯ p.79, ラ・バルセロネータ

Google

◯ p.80, 横浜中華街

Google

◯ p.81, チャンディーガル (セクター 45)

Google, Maxar Technologies

◯ p.82, カンナレージョ公園

Google

◯ p.83, ラ・ヴィレット公園

Google

◯ p.84, グランミケーレ

Google

◯ p.85, ベンチャーアウト・リゾート

Google

◯ p.86, ヴァレッタ

Google, Terra Metrics

◯ p.87, ミレトス

Google, Maxar Technologies, CNES/Airbus

◯ p.88, トルヒーヨ

Google, Maxar Technologies

◯ p.89, イントラムロス

Google

◯ p.91, チャンディガール

チャンディガール建築学校内壁画より

◯ p.92, ポートランド

Google

◯ p.93, マンハッタン

Google

◯ p.94, ソルト・レイク・シティ

Google

◯ p.95, ラスベガス

Google

◯ p.96, センターピボット灌漑

Google

◯ p.97, 根釧台地格子状防風林

Google

◯ p.98, ブエノスアイレス

Google, Maxar Technologies

◯ p.99, バルセロナ

Google, TerraMetrics

写真撮影者

片桐悠自 (p.4)

岩岡竜夫 (p.38, p.51, p.60, p.72, p.73)

竹内宏俊 (p.39)

大村高広 (p.50)

小倉康正 (p.61)

図5・建築と都市のグリッド

2020年8月20日　第1版第1刷発行

著　　者　図研究会（代表　岩岡竜夫）
発 行 者　原田邦彦
発 行 所　東海教育研究所
　　　　　〒160-0023 東京都新宿区西新宿7-4-3　升本ビル7階
　　　　　電話 03-3227-3700
　　　　　URL　https://www.tokaiedu.co.jp/
印 刷 所　港北出版印刷株式会社
製 本 所　誠製本株式会社

著者：図研究会

岩岡 竜夫
1990　東京工業大学大学院博士課程修了
現 在　東京理科大学理工学部教授

岩下 泰三
1984　武蔵野美術大学大学院修士課程修了
現 在　有限会社スペースラボ代表

竹内 宏俊
2005　東海大学大学院工学研究科博士課程修了
現 在　日本工業大学准教授

片桐 悠自
2017　東京大学大学院博士課程修了
現 在　東京理科大学理工学部助教

大村 高広
2020　東京理科大学大学院博士課程修了（満期退学）
現 在　アトリエ・アンド・アイ坂本一成研究室

横山 一晃
2020　東京理科大学大学院修士課程修了
現 在　東京理科大学大学院博士課程

十亀 昭人
2000　東京工業大学大学院博士課程修了
現 在　東海大学工学部准教授

制作協力

雨宮真史・石崎達也・岸野佑哉・栗原遼大・近藤大喜・佐伯雅子・佐藤大成
佐藤美奈・塚田諒太郎・塚本沙理